让青少年懂得
尊敬师长的故事

本书编写组◎编

每一个好故事，都会带你种下完美人生的种子；每一个好故事，都是我们领悟人生的一盏明灯；每一个好故事，都是我们人生的一块基石。它给我们智慧的启迪，让我们抓住希望。对今天更加珍惜，对明天充满自信！

世界图书出版公司
广州·北京·上海·西安

图书在版编目（CIP）数据

让青少年懂得尊敬师长的故事 /《让青少年懂得尊敬师长的故事》编写组编 . —广州：广东世界图书出版公司，2010. 3（2024.2 重印）

ISBN 978 - 7 - 5100 - 1501 - 4

Ⅰ. ①让… Ⅱ. ①让… Ⅲ. ①品德教育 - 中国 - 青少年读物 Ⅳ. ①D432. 62

中国版本图书馆 CIP 数据核字（2010）第 037452 号

书　　名　让青少年懂得尊敬师长的故事
　　　　　RANG QINGSHAONIAN DONGDE ZUNJING SHIZHANG DE GUSHI
编　　者　《让青少年懂得尊敬师长的故事》编写组
责任编辑　柯绵丽
装帧设计　三棵树设计工作组
出版发行　世界图书出版有限公司　世界图书出版广东有限公司
地　　址　广州市海珠区新港西路大江冲 25 号
邮　　编　510300
电　　话　020-84452179
网　　址　http://www.gdst.com.cn
邮　　箱　wpc_gdst@163.com
经　　销　新华书店
印　　刷　唐山富达印务有限公司
开　　本　787mm × 1092mm　1/16
印　　张　10
字　　数　120 千字
版　　次　2010 年 3 月第 1 版　2024 年 2 月第 11 次印刷
国际书号　ISBN　978-7-5100-1501-4
定　　价　48.00 元

前言

尊师敬业是中华民族传统美德，是华夏文化教育优秀历史遗产，也是社会精神文明建设和提高民族素质的保证。

中国古代的思想家、教育家对于尊师敬业的涵义、价值、品位及作用，多有论述，十分深刻。孔子把“教”与“政”视为同等重要，主张实行礼义教化，形成“学而不厌，诲人不倦”的社会风气。墨子充分肯定教师在传播思想文化方面的贡献，指出“教天下以义者功亦多”。荀子将君师并称，认为“国将兴，必贵师而重傅”。管子说“变俗易教，不知化不可”，也强调了教化对于改变风俗精神的重要性。《礼记·学记》说“师严然后道尊，道尊然后民知敬学”，突出了“师严”对于“道尊”、“敬学”的作用。唐代的韩愈说“举世不师，故道益离”，认为只有尊师敬业，整个社会才能按照“道统”的方向顺利发展。宋代的苏轼说“斯文有传，学者有师”，认为教育对于发展文化、培育人才具有重要作用。这些论述从不同方面阐明了尊师敬业的社会意义和现实途径，总结了尊师敬业的理论认识和历史经验。

新中国成立后，特别是党的十一届三中全会以来，在中国这块土地上，尊师重教越来越成为全党、全社会和全国各族人民的自觉行动。“百年大计，教育为本”，党和人民把教育视为社会主义两个文明建设，培养跨世纪人才、提高全民族素质的奠基工程，摆在社会主义建设优先发展的战略地位。振兴中华的希望在科技进步，科技的进步在教育的发展，教育的振兴和发展的希望又在教师。为确立人民教师在国家和社会中的政治地位，国家决定从1985年起，每年的9月10日为教师节。每一年教师节上，都表彰树立了一大批先进、模范教师和尊师重教的先进典型。

当今，在社会主义时期，对人民教师又赋予了新时代的种种喻称和誉称："辛勤的园丁"、"塑造人类灵魂的工程师"。更把教师称为"耗尽自己，照亮别人"的"蜡烛"，吐尽蚕丝的"春蚕"，甘为他人通向知识大道的"铺路石"，送人攀登科学技术高峰的"人梯"。这既是对人民教师呕心沥血、无私奉献精神的赞颂，也是对人民教师兢兢业业、辛勤劳动品格的讴歌。

本书选取的尊师敬业的故事，人物很多，范围很广：有帝王中的人物，像魏文侯、燕昭王、秦始皇、汉明帝、唐太宗、宋太祖、清圣祖康熙等；有贤臣名将中的人物，像张良、石勒、岳飞、文天祥、宋濂、史可法、林则徐等；有学者、文人和各类专家中的人物，像孔子、华佗、郑玄、范缜、孙思邈、颜真卿、李时珍等。这些尊师敬业的故事很生动、很感人，它们记叙了莘莘学子不辞劳苦、虔诚拜师的道路历程，表现了求知求学、研习钻研、孜孜矻矻、不馁不止的精神，也展示了师者德高望重、悉心育人、传业授道的崇高思想境界。

书中通过100多个生动形象的历史人物故事，描述了古代先贤和历史名人尊敬师长的优良美德，根本目的在于教育广大的青少年学生，要继承和发扬中华民族尊师敬业的传统美德。要心中有老师，心中有事业，增强献身的历史紧迫感和责任感，听从老师的教诲，忠于职守，严谨治学，敬重自己所从事的学习、工作和劳动，扎扎实实地打好做人、成人的基础，全心全意为人民服务。

目　录

诚心拜师

孔子拜三贤为师 …… 1
魏文侯拜段干木为师 …… 2
薛谭学歌 …… 3
荀淑拜少年为师 …… 4
特殊的拜师礼 …… 4
华佗拜师求教 …… 5
郑玄千里拜师 …… 7
张良虔诚拜师 …… 8
钟隐装奴拜师 …… 9
孙思邈问遍百家 …… 10
画圣吴道子拜师 …… 12
李白求师 …… 13
李贺诚心拜名师 …… 15
状元汪应辰拜师 …… 16
陆佃千里求师 …… 17
岳飞从师周侗 …… 17
宋濂求师宁吃千般苦 …… 19
李时珍处处拜师 …… 20
董沄七十拜师 …… 21
徐光启拜利玛窦为师 …… 22
马锦当仆学戏 …… 23
袁枚多方求教 …… 24
太极巨星杨露禅拜师 …… 25
陈毅登门向老塾师求教 …… 27
冼星海拜音乐大师杜卡斯为师 …… 28
王振国雪夜拜师 …… 29
赵丹为女儿举行拜师会 …… 30

能者为师

王羲之和水饺师傅 …… 32
周昉以众人为师 …… 33
王方庆甘拜部下为师 …… 34
李相不耻下问 …… 35
吕祖谦以优者为师 …… 36
揭傒斯以父为师 …… 36
张曜拜妻为师 …… 37
吴老向服务员请教 …… 38
萧楚女以能者为师 …… 39
郭沫若以演员为师 …… 40
人民教育家陶行知 …… 41
竺可桢向外孙女婿求教 …… 43
赵光祖拜犯人为师 …… 44
莫里哀虚心向女仆请教 …… 45
老学生和少老师 …… 45
希尔伯特的良师益友 …… 46

以礼待师

纪昌学射于飞卫 …… 48
曾子避席 …… 49
燕昭王拜“死千里马”为师 …… 49
秦始皇敬重恩师 …… 50
魏照学师 …… 51
程门立雪 …… 51
晁错帮伏生编修《尚书》 …… 52
“三袁”宴请老师 …… 53
柳敬亭谨遵师言 …… 54
康熙虔诚跪师 …… 56
雍正帝扣银罚轻师 …… 57
林则徐孝亲尊师 …… 57
梅兰芳敬师 …… 59
张乐平冒雨探恩师 …… 60
鲜花献严师 …… 60
李宁把金牌送给教练 …… 62

阿基米德拜“奴隶”为师 …… 63
富曼诺夫与高尔基 …… 64

尊师重道

孔子尊师 …… 65
颜回乞米为师炊 …… 65
子贡以青天和泰山颂师 …… 66
颛孙师衣襟记师训 …… 67
石勒尊师好学 …… 68
刘邦敬老得贤臣 …… 69
汉明帝登门求教 …… 70
白居易尊老敬老 …… 71
李世民教子尊师 …… 72
宋太祖尚学尊师 …… 72
米芾与一张五两纹银的纸 …… 73
朱元璋向老秀才赔礼 …… 75
史可法狱中探师聆教 …… 76
千叟宴 …… 77
段玉裁尊师 …… 78
鲁迅尊师勤学 …… 78
梅兰芳敬老尊贤 …… 79
老舍心底“真正的教师” …… 80
王震尊师重教做实事 …… 82
战士张川的尊师情 …… 83
梅纽因和他的老师埃奈斯库 …… 84
阿普顿尊重爱迪生 …… 85
居里夫人敬重老师 …… 86
佐柯白教子尊师 …… 87
斯维德伯格对校长的尊重 …… 88

不负师恩

范缜以师为父 …… 90
云敞葬师 …… 90
礼震才请求替师受刑 …… 92
颜真卿拜张旭为师 …… 93
文天祥效师英勇就义 …… 94
唐寅学画 …… 95
李大钊和他的老师 …… 96
齐白石不负师恩 …… 97
华罗庚不忘恩师 …… 99
崔小萍不忘恩师曹禺 …… 100
杨振宁不忘恩师 …… 101
程俊英终生不忘师诲 …… 102
谢军感谢启蒙老师 …… 104
钱三强与导师约里奥·居里夫妇 …… 105
陈景润不忘老师 …… 106
侯振挺教授寻师 25 载 …… 107
魏巍对老师的深情 …… 108
才旦卓玛以师为母 …… 109
法拉第与戴维教授 …… 110
麦克斯韦听从老师教诲 …… 111

尊敬长辈

曾参恪尽孝道 …… 113
乐正子春闭门思过 …… 114
盛彦吐哺待慈母 …… 115
薛包对继母的孝行 …… 116
顾恺之为母画像 …… 116
江革行佣供母 …… 118
王祥孝感继母 …… 119
蔡顺拾椹奉母 …… 121
马钧孝母改织机 …… 122
李密孝敬祖母 …… 123
秦族躬行孝道 …… 124
王僧儒“抄书养母” …… 124
黄香扇枕温衾 …… 125
张李丐养婆母 …… 126
谢蔺敬父不先餐 …… 128
朱丹溪改行学医 …… 129
孙思邈学医孝双亲 …… 130
吴冯感化婆母 …… 131
夏王氏孝敬公婆 …… 133
张履祥听从母教 …… 135
冯玉祥买肉敬父 …… 136
鲁迅敬母 …… 137

诚心拜师

CHENG XIN BAI SHI

孔子拜三贤为师

> 三人行必有我师焉。择其善者而从之，其不善者而改之。
>
> ——孔子

孔子（前551—前479），名丘，字仲尼，鲁国陬邑（山东曲阜）人，是中国古代的大教育家、大思想家，儒家学派的创始人。人们常问他："你的老师又是谁呢？"

孔子说："我不是生而知之者，是学而知之的人。"孔子又说："三人行必有我师焉。择其善者而从之，其不善者而改之。"

孔子不仅这样说，也是这样做的。因家境清贫，他15岁时才有志于学问。

他为了弄懂"礼"，从山东走到河南，一拜李耳（老聃）为师。老聃为其讲学，临别时，老聃说："富贵的人送人以钱财；有学问的人送人以言……我送给你几句话吧：'聪明深察的人，易遭杀身之祸，因为他好评论人；博学善辩的人，易危害自身，因为他好揭发别人的短处；为人子、人臣不要有这些事而存身以尽孝尽忠。不要只顾自己，坚持个人意见。'"这席话，使孔子受益匪浅。

以后，他又二拜鲁国乐官师襄子为师。开始学琴时，一连十几天总是反复弹拨同一支琴曲。师襄子见他弹得已经十分娴熟了，就对他说："你可以换一支曲子进一步练习了。"孔子却回答说："我只学会了乐曲的表面形式，对节奏内容还不了解。"于是又继续练习了。又过些天，师襄子倾听琴音，感到孔子已经领会了乐曲的意境，可以学习更复杂一些的乐曲了。孔子微微摇摇头说："我虽然体会了乐曲的意境，但作曲的是个什么样的人，还没体会出来。"又弹了一些时间，孔子轻轻地放下琴，站起来望着窗外若有所思。师襄子问他有什么体会，孔子说："我倾听着琴音，似乎看到了一位个子高高的，目光远大，慈爱安详的长者。这不是周文王又是谁呢？"师襄子称赞道："你说得完全对啊！"就这样，孔子学会了乐，并且十分精通。

这之后，他又三拜苌弘为师。苌弘是个大音乐家，对音乐有很深的造诣。孔子拜他为师，请教律吕之学。孔子非常虚心听取苌弘指导，不懂就问，他说："勤学，不耻下问，才能学到本领。"他不仅这样说，也是这样做的，取得了青出于蓝而胜于蓝的实效。

由于孔子多方面拜能者为师，掌握了多种学问和本领，成为古今中外的大思想家、大教育家和大学问家。

魏文侯拜段干木为师

> 明师之恩，诚为过于天地，重于父母多矣。
>
> ——晋·葛洪《勤求》

魏文侯(？—公元前前 396 年)，名魏斯。当了国君以后，四处寻访人才。他听说有一位叫段干木的马匹交易经纪人，很有才干，就是不喜欢做官。他想，让贤能之人埋没在民间，不能发挥作用，太可惜呀！于是，魏文侯下决心请他出来，帮助治理国家。

一天，魏文侯带领随从驱车直奔段干木的住所。一到巷口，文侯就下了车，为了不惊动贤士，他屏退左右随从，毕恭毕敬地来到段干木家的门前。他轻轻地叩动门环，有礼貌地请家人进去禀告一声，说文侯求见。

没想到，段干木一听说是文侯要见自己，误认为他也是个沽名钓誉的国君，像听到狼来了一样，三步并作两步，冲到院中，纵身一跃，越墙逃跑了。

遭到这样的冷遇，魏文侯不仅没有灰心，反而更觉得段干木品格高尚了。所以，每次他路过段干木家住的巷口，总是垂首躬身扶轼向段干木的住所致敬。

时间长了，段干木的家人感到非常奇怪，于是就上前问道："尊敬的国君，段干木不理睬您，您为什么一过巷口就向他的住所致敬呢？"

文侯说："段干木是一位难得的贤能之人，他不追求权势和非分之求，他有卓越的才能，深明大义，隐居一个贫穷简陋的小巷里，却名声传千里，我怎能不敬重他呢？"

段干木听说后，也很受感动，魏文侯再来求见，就不再回避了。

文侯请段干木出任相国，段千木不肯，文侯就登门求教于他。

段干木坐在一把破椅子上，滔滔不绝地讲治国安邦、举贤任能的为君之道，讲休养生息、爱护百姓的立国之本。从烈日当午，一直讲到夕阳西下。魏文侯就像小学生听讲一样，不敢坐下，一直站立在段干木面前，认真领会其中的道理。站累了，站得两腿发木了，怕打断老师的思路，也没有坐下。

就这样，魏文侯拜段干木为师，一次又一次地登门求教，接受了不少有益的东西。

魏文侯拜段干木为师的故事，受到历代人们的称颂。

薛谭学歌

> 君子隆师而亲友。
>
> ——《荀子·修身》

春秋战国时代，有一个人叫薛谭。薛谭很爱好唱歌，但是他的家乡没有懂得音乐的老师。虽然先天的条件很好，但由于得不到名师指导，再加上缺乏音乐基本功的训练，他不能成为最好的歌手。

于是他决定离开家乡，到外地去寻访名师。当时，有一位名叫秦青的音乐大师，他不但精通乐理，而且还会弹琴唱歌。薛谭寻访到秦青，要拜他为老师。秦青看到薛谭一路克服了很多困难，千里迢迢来寻师学艺，很受感动，就同意了他的请求，决定收下这个徒弟。

举行完拜师礼以后，薛谭便从基础理论开始，进行系统学习。

开始的时候，薛谭很用功，上课认真听讲，课后及时复习，不懂就问。这样，他学习很扎实，进步很快。不仅学会了乐理，而且也学会了唱歌。秦青很高兴，多次在众人面前表扬他。薛谭虽然还没有完全掌握秦青的艺术技巧，但他自己却认为已经全部掌握了。于是，他就向秦青告辞，要回家去。秦青就说："好吧，咱们相处的这一段时间，有了师生情谊，等到明天为师给你送行。"

第二天，秦青和学生们到郊外十里长亭给薛谭送行。在送别会上，互相敬酒，当喝得兴致正浓时，学生们每人唱一支最优美动听的歌献给薛谭。最后，学生们提议请老师也唱一支。

秦青很愉快地接受了。只见他一边弹琴一边唱了起来。手指在琴弦上敏捷地跳来跳去，有急有缓，有轻有重，歌声凄凉悲壮，有时低沉，有时高亢。歌声飞过森林，森林发出回响，蓝天上的白云也停在那里，久久不愿意飘走。

这支歌深深地打动了薛谭的心，他想："老师弹唱的技艺举世无双，有许多东西自己还没有学到呢。"

想到这里，薛谭向秦青鞠躬敬礼，说："先生，我错了，从今以后再也不骄傲了！我不回家了，我还要留下来，继续向先生学习。"

从此以后，薛谭再也不敢说回家了。在秦青的耐心教育下，他终于成为当时最有名的一位歌手。

荀淑拜少年为师

> 师道既尊，学风自善。
> ——康有为

荀况是战国后期的思想家、教育家。他发展了儒家学说，使儒家学说开始具有朴素的唯物主义倾向。他十分强调后天的教育，认为只要刻苦用功，“锲而不舍、金石可镂”，后来者可以居上。他把老师和天、地、君、亲并列，并进一步指出：“国将兴，必贵师而重傅……国将衰，必贱师而轻傅。”

荀况这种思想，不仅对后世影响很大，对其家庭影响也是非常深刻的。他的孙子荀淑，从小受家庭环境的熏陶，非常爱读书，也很有才华。曾做过郎中大夫，还当过当涂的县令。后来他辞官归故里教书。由于他学识渊博，品行端正，学生不计其数，还有从很远地方来拜他为师的，连当时知名的学者李固、李膺都是他的学生。

有一次，荀淑来到慎阳县，在旅店遇到一个 14 岁的少年，粗布短衫，但气度不凡，两目炯炯有神。一见面，荀淑就非常喜欢这个少年。两人攀谈起来，很是投机。这个少年谈起学问来，滔滔不绝，很有见地，就是当地一流学者，也望尘莫及。两个人足足谈了一整夜也没谈完。荀淑把多年积存在心里的疑难问题，向少年请教。少年有问必答，讲得头头是道，使荀淑茅塞顿开，豁然开朗，佩服得五体投地。

荀淑请教少年尊姓大名。少年从容作答：“姓黄，名宪，字叔度。”于是荀淑站起来，恭恭敬敬地给黄宪施礼，并说道：“黄先生在上，受我一拜。”黄宪道：“老人家，何必客气，学问就要互相切磋，才能提高啊。我还是一个不知名的小字辈。老人家出身名门，已名扬千里，就免礼吧。”荀淑道：“尊师重教是先祖的教诲，能者为师，不拘年龄大小，常言道：英雄出少年。你是我 40 多年来遇到的一位最好的老师，解决了我多年的疑虑，理应受拜。”说着上前了大礼。可见，荀况的尊师重教的遗风在荀淑身上进一步得到了发扬。

特殊的拜师礼

> 事师之犹事父也。
> ——《吕氏春秋·劝学》

曹植是三国时魏王曹操的三儿子，小时候跟着父亲在战乱中度过了童年。由于曹操酷爱文学，他的几个孩子也都受到了熏陶。特别是曹植，平日经常进入父亲的书斋和营帐，阅读父亲看过的书籍和写作的诗文，从六七岁起就开始跟着文学侍从学习，并且好学上进。

曹植的表现，被父亲看在眼里，除了自己抽空教导之外，还经常请些名士为儿子辅导。曹植也特别盼望自己能有一位好老师。

这天，父亲真的为曹植请来了一位老师——邯郸淳，他是东汉末年博学多才的著名学者，这正是曹植所期盼的。可是，当邯郸淳老师来到曹家时，却找不到曹植了，正当大家都感到纳闷时，只听门外响起了疾步奔走的声音。接着，一个赤着膊、散着头发、浑身湿漉漉的少年推门而入，身上还散发着阵阵香味。邯郸淳定睛一看，说："这不是曹植吗？怎么弄成这般模样？"他不由得站起身，看着曹植发愣。

谁知曹植走进屋来，并不言语，只是满脸带笑，朝邯郸淳深深地作了一揖，接着便耸肩、蹬脚、击掌，富有节拍地跳起了当时民间流行的舞蹈。跳舞结束，他又从墙上取下宝剑，抽剑出鞘，舞起剑来。邯郸淳发觉曹植的剑功比舞蹈更胜一筹。在曹植舞到精彩处时，他不由得连连鼓掌。这时，他已经明白了曹植的用意。

舞毕剑，曹植又向邯郸淳作了一揖，并先请先生坐下，然后便有声有色地朗诵了一篇生动的"俳优小说"——民间流传的故事。这故事大约有几千字，曹植背得流畅自然，邯郸淳听着朗诵，从心底赞扬这个才能非凡的年轻人。他不停地夸奖着："好！太好了！"

曹植看到老师面有喜色，这才去穿衣整装，束发戴冠，并端端正正地坐在邯郸淳的下首，谦恭地问道："先生，您觉得我做您的学生，合格吗？"原来，刚才曹植为了迎接老师，特地把自己洗得干干净净，还在身上擦了香粉，表示要用自己清洁芬芳的身体，来接受老师对自己的教育；赤膊、披发，是表示自己的一片赤诚；而跳舞、舞剑和朗诵，则是为了让老师鉴定一下自己的基础。

邯郸淳对于这场别具一格的"拜师"礼，心里有着说不出的高兴，他觉得有生以来，还是第一次遇到这样的学生。他与曹植促膝而谈，从圣贤、名臣、烈士，到诗歌、文章、赋诔；从当官治国之道，到行兵用武之法，无所不谈。他感到曹植已从众多的书籍中吸取了丰富的营养，只要稍加点拨，定能够出类拔萃，才能过人。

华佗拜师求教

> 古之学者必有师。
>
> ——韩愈《韩昌黎集·师说》

华佗，汉代著名医学家。他精通内、外、妇、儿、针灸各科，其中对外科尤为擅长。

华佗成了名医以后，来找他看病的人很多。

一天，来了一位年轻人，请华佗给

他看病，华佗看了看说："你得的是头风病，药倒是有，只是没有药引子。"

"得用什么药作药引子呢？"来人问道。

"生人脑子。"病人听后，吓了一跳，上哪去找生人脑子呢？他失望地回家了。

过了些日子，这个年轻人又找了位老医生，老医生问他："你找人看过了吗？"

年轻人回答："我找华佗看过，他说要生人脑子做药引子，我没办法，只好不治了。"

老医生哈哈大笑，说："用不着找生人脑子，去找十个旧草帽，煎汤喝就行了。记住，一定要找人们带过多年的草帽才顶事。"

年轻人照办，果然药到病除。

有一天，华佗又碰到这位年轻人，见他生龙活虎一般，不像有病的样子。于是便问：

"你的头风病好了吗？"

"是啊，多亏一位老先生给治好了。"

华佗详细地打听了治疗经过，非常敬佩那位老先生。他想向老医生请教，把他的经验学到手。他想，如果老医生知道他是华佗，肯定不会收他为徒。于是，他装扮成一个普通人的模样，跟那位老医生一直学了三年徒。

一天，老师外出了，华佗和师兄弟们在家里拣药。门外来了一位肚子像箩、腿粗如斗的病人。病人听说这儿有名医，便慕名而来求治。

老师不在家，徒弟们不敢随便接待，就让病人改日再来。病人苦苦哀求着："求求先生，给我治治吧！我家离这儿很远，来一趟太不容易了。"

这时，华佗见病人病得很重，不能拖延了，便说："我来给你治治吧！"

说着，拿出二两砒霜交给病人说："这是二两砒霜，分两次服用，可不能一次全吃了啊！"

病人接药，连声道谢而去。

病人走后，众师弟埋怨着："砒霜是毒药，吃死了人可怎么办？"

"这人得的是鼓胀病，必须以毒攻毒。"

"治死了人谁担当得起啊？"

华佗笑着说："不会的，出了事我担着。"

那个病人拿药出了村外，正巧遇上了老医生回转来，病人便走上前求治。老医生一看，说道："你这病好治，买二两砒霜，分两次吃掉，一次全吃了有危险，快快去吧！"

病人一听，说："二两砒霜，你徒弟已拿给我了，也是叫我分两次吃的。"

老医生接过药一看，果然上面写得清清楚楚，心想："我这个验方除了护国寺老道人和华佗，还有谁知道呢？我还没传给徒弟呀？"

回到家里，问了两个徒弟："刚才大肚子病人的药是谁给开的？"

徒弟们指着华佗说："是师兄。我们说这药有毒，他不听劝告，逞能。"

华佗不慌不忙地说："师傅，这病人得的是鼓胀病，用砒霜以毒攻毒，病人吃了有益无害。"

"这是谁告诉你的？"师傅问道。

"护国寺老道人，我在他那学了几年。"

老医生这才明白过来，他就是华佗。连忙说："华佗啊！你怎么跑到我这学徒啊！"

华佗只好如实说出拜师求学的原因。

老医生听过华佗的话，一把抓住他的手说："你已经是一位声名远扬的医生了，还到我这穷乡僻壤来吃苦，真对不起你呀！"

老医生当即把治疗头风病的单方传给了华佗。

郑玄千里拜师

> 君子之学也，说义必称师以论道，听从必尽力以光明。
>
> ——《吕氏春秋》

郑玄（127—200），字康成，北海高密人，东汉末年的经学大师。

郑玄自幼勤奋好学，熟读经史。十二岁时，随母还家，正赶上腊会，有十多人在那里欢聚，他们都穿着华丽的服装，高谈阔论。郑玄对此非常冷淡，离他们很远，其母催促多次，让他参与，他说："此非我志，不在所愿。"说完就离开人群到别处读书。

后来郑玄在乡里任啬夫之职，主管乡间民事诉讼和收取赋税，每逢休息时他都前往学府，向老师请教各种经学问题。从此他就不愿意担任官吏，立志读书，他父亲非常愤怒，但也改变不了他的志向。郑玄辞职进入太学学习，白天在学校学习，晚间经常读到深夜。

郑玄立志求学，多方拜师，不耻下问，研究义理，力求深透。开始拜京兆第五元先为师，研读《京氏易》、《公羊春秋》、《三统历》及《九章算术》。掌握这些经典内容后，又拜东郡张恭祖为师，学习《周官》、《礼记》、《左传》、《韩诗》、《古文尚书》等。郑玄读书非常精细，认真圈点评注，每有所得，就在书上写眉批，蝇头小字密密麻麻，见解独到。他治学严谨，从不妄加揣测和品评，不懂就问，到处寻师，山东有名的学者他几乎问遍，并不满足，还要精益求精。

马融精通经史，学识渊博，名重一时。郑玄千里迢迢西入关中，经卢植介绍拜马融为师。马融有学生四百多人，亲自进入课堂听讲的仅五十余人，多是学识水平较高者。郑玄在马融门下，三年不得相见。马融派学业成就优异的学生去教郑玄，郑玄不因为没有亲自聆听马融教诲而失望，日以继夜发愤读书，孜孜不倦，学识大有长进。有一天，马融召集许多弟子考论图纬，遇到许多问题不能解答，听说郑玄善于计算，在楼上召见郑玄。郑玄才思敏捷，回答准确，计算迅速，马融和他的学生很是惊奇，赞叹不止。郑玄借此机会，把几年来在经学上的疑难问题全部提出来，马融一一解答，郑玄顿开茅塞，心里非常高兴。解答完毕，郑玄就和老师马融告别返回山东。马融依依不舍，长叹一声对他的学生说："郑生今去，吾道东矣。"

郑玄在外地学习十多年，目睹了东汉黑暗的社会现实，他厌恶那些不择手段追名逐利的势利小人，却甘愿当一个正直的学者，毅然回乡务农，自食其力。虽家境贫寒，仍办学教书，跟随他学习的近千人。当时学习的内容是六经。给六经作注释的人很多，各持己见，洋洋几十万言，往往言不及义，阅读起来不得要领，无所遵循。郑玄综合诸家所见，"刊改漏失"，删繁就简，使"学者略知所归"，减少学习难度，深受学生欢迎。

何进、董卓、袁绍多次征召，郑玄拒绝赴任，安贫乐道，一心教书，培育人才，郗虑、王基、崔琰这些名倾一时的汉魏贤臣都出自他的门下。郑玄"隐修经业，杜门不出"，潜心钻研，以"述先圣之元意""整百家之不齐"为己任，著书立说，自成一家。郑玄一生著述甚丰，所注释的书有《周易》、《尚书》、《毛诗》、《仪礼》、《礼记》、《论语》、《孝经》、《尚书大传》、《中候》、《乾象历》等，又著《天文七政论》、《鲁礼稀袷义》、《六艺论》、《毛诗谱》、《驳许慎五经异义》、《答临孝存周礼难》等，共一百多万字。郑玄在经学界是很有权威的，他兼修今古文，融汇古今学说，见解超常，注释翔实，"义据通深"。唐初作《五经正义》多采用郑玄注释，足见其影响之深。总之，郑玄为我国文字学、训诂学及史学作出了很大贡献。

张良虔诚拜师

> 片言之赐，皆事师也。
>
> ——梁启超
>
> 《中国历史研究法·自序》

张良，字子房，战国时韩国人。韩被秦灭亡时，他虽然年轻，却胸怀大志，到处求师访贤，要为韩国雪耻。他曾用全部家财收买刺客刺杀秦始皇，事情未成而逃到下邳躲藏起来。

有一次，张良在下邳地方的一座桥上散步，有一位身穿粗布衣服，满头白发的老人，走到他跟前时，故意将一只鞋子脱掉，扔下桥去。对他说："小孩子，快到桥下把我的鞋子取回来！"张良觉得很奇怪，一个毫不相识的老头，竟故意难为我，如此不客气地下命令，一时火气上来，不想去拾。但又一想：他是一位老人，可以谅解，对老人应该尊重。于是，便压住火气，跑到桥下把鞋子拾来递给老人。谁知老人并不用手接，竟把脚伸过来，命令道："给我穿上！”张良想：“既然已经替他取了鞋子，好事做到底，就给他穿上吧！”就跪下去给老人穿好鞋子。然而，老人只是对他笑了一笑，就走了。

张良心想：“这个奇怪的老人，可能是一位很有学问的人。”于是，便紧紧地跟随着老人向前走去。

走了一段路，老人忽然转过身来，对张良说：“我看你这个小孩子将来能有出息，我很乐意教教你。五天后一早，在这儿会面。”张良恭恭敬敬地连声说：“是！是！”

第五天，天刚亮，张良赶到桥上，老人早已在桥上等他，见张良迟到，生气地说：“和老人约会，怎么能迟到呢？再过五天后一早来见面吧！”

到了第四天的后半夜，鸡刚叫头一遍，张良就到了，谁知老人又比他早到，生气地说：“为什么又来迟了？”说完，转身就走，边走边吩咐道：“五天后再来，早一点。”

又到了第四天晚上，张良这次干脆不睡了。前半夜就赶到那里。等了一会儿，老人也来了，笑眯眯地说：“这还差不多！”说着就从怀里取出一本书，递给张良：“给你，读熟了就能辅佐兴国立业的人……”

天亮以后，张良翻开一看，原来他得到的是一本《太公兵法》。他非常高兴，经常捧着学习，从中学到了好多用兵打仗的知识。后来，张良为汉高祖刘邦出谋献策，就是他深刻地理解了《太公兵法》的结果。

刘邦建立了汉朝后说：“运筹帷幄之中，决胜千里之外，吾不如子房。”

钟隐装奴拜师

> 尊人共客语，侧立在旁听。莫相前头闹，喧乱作亚乌鸣。
>
> ——《全唐诗·补逸》

五代时期，有一位叫钟隐的青年，喜欢画禽鸟竹木。他平素以郭乾晖为师，临摹作品，学习技法，已初露头角。遗憾的是，他一直没有机会见过这位老师，只是“神交”而已。

他为什么不去拜师呢？原来，他从旁了解到，郭乾晖老师虽独树一帜，誉满画坛，但有个特点：画法秘而不宣。无论谁去找他求教，他都不教，连让人家看一看作画过程也不答应。

钟隐求师心切，他并不满足自己已经取得的点滴成绩，还想再提高一步。在郭先生拒不收徒的情况下自己怎么办呢？他想了好久。终于，办法想出来了，决定改名换姓，卖身郭家为奴。这件事钟隐做得很秘密，不露一点破绽。而郭乾晖只把他当奴仆看待，也未存有戒心。这样，钟隐学画的机会有了。端茶倒水之机，他可以瞧上几眼，夜深人静之时，他又细心琢磨。不多久，郭先生的绘画技艺，他几乎全掌握了，有时没人在场，他还练上几笔，心中十分高兴。

一天，钟隐心中忽萌画兴，便提起画笔在郭家的粉墙上画了一只老鹰。苍鹰共翠柏，壮志冲云天，那老鹰的神气，真像从天上飞下来的一般。正当钟隐凝目沉思之际，忽有客人到。客人一见这壁画，无不称赞，说郭先生果然名不虚传。待到他们向郭先生祝贺的时候，弄得他不知道是怎么一回事了。他随着客人们一起走到粉墙前一看，被那欲击长空的老鹰惊呆了。他忽然想到：世上学我画法的，只有钟隐一人，这老鹰画得如此之好，莫非……这时，钟隐纳头便拜，说明了求师的缘由和事情的经过，郭乾晖深为感动，他连忙扶起钟隐说："你是一位可以深造的好后生，我决定收你为徒！"

从此，钟隐跟着自己久已渴慕的老师，更加勤奋地学画。终于，成为世人皆知的丹青妙手，为了拜师，不惜为奴，真诚的求学精神，也为后人所传颂。

孙思邈问遍百家

> 古之学者必有师。
>
> ——韩愈《韩昌黎集·师说》

孙思邈(581—682)是我国隋唐时期杰出的医学家，被后人尊称为"药王"。

孙思邈出生于华原县(今陕西省跃县)一个木工家庭，父亲是个雀目病人(夜盲)，母亲患粗脖子病，都是当时无法医治的地方病。少年的孙思邈也体弱多病，饱尝了病痛的痛苦。疾病给自己，给自己苦难的家庭造成的痛苦，孙思邈牢牢地记在心底，从小就立志学医，将来行医治病，为人解除痛苦。

12岁时，孙思邈跟父亲到药农张七伯家做药柜，从此孙思邈开始对中药产生了浓厚的兴趣，处处留心，虚心向张七伯请教每一味中药的功能、作用、生长地、药力大小等情况，深受张七伯的喜爱。

15岁时，孙思邈开始拜张七伯为师学医，同张七伯一起上山采药，学习单方，初步懂得了一些药性。后来张七伯看他虚心好学，又天资聪敏，自己的一点医学知识不能满足孙思邈求知的要求，便把自己一直珍藏的《黄帝内经》送给了孙思邈，让他好好研读，并告诉他将来到铜官县找自己的舅舅继续学习深造。

孙思邈得到了《黄帝内经》，真是如获至宝，对七伯千恩万谢。回到家里便如饥似渴地学习，常常手不释卷地苦心钻研，有时会通宵达旦。

但他愈是学习，愈是感到自己的浅薄。后来，他决定去铜官县找张七伯的舅舅求学问。经过许多周折，他终于找到了那位医生，便拜他为师，潜心学医。一年时间里，他不但学到很多医学知识，而且把师父的一部《伤寒论》全部抄了下来。

学有所成后，他又回到村里，一边在邻居亲戚中行医，一边刻苦读书，继续深造。20岁左右，不仅医道大有进步，而且对诸子百家的学说、南北朝的历史以及从天竺传来的佛教经典，都做了深入的研究，为他以后在医学领域能够取得巨大的成就，做了深厚的文化准备。他的名声也越来越大，就连二百里以外的京城长安，也有人知道华原县的孙思邈。

一天，孙思邈为远道慕名而来的病人治愈了痼疾，病人感激地赞许他如复生的扁鹊，再世的华佗。孙思邈听了这样的称许，不但没有感到高兴，反而惆怅起来，深感惭愧地说："我连称职的医生都不够格啊！乡里人的雀目病，粗脖子病，自己至今无法医治，怎敢与那两位名医相比呢？唉！惭愧呀……"

那位病人看到孙思邈因不能医治雀目病和粗脖子病而痛心的样子，深为他的这种全心为解除病人的痛苦的医德所感动。便对孙思邈说太白山有一位先生能治粗脖子病，而且给他的表妹治好了。

孙思邈听到这些，便如寻到珍宝一般，惊喜地抓住那个人的双手，急不可待地打听那位太白山先生的姓名地址。了解明白后，第二天一早他便一无反顾地告别家人乡亲，只身前往远隔四百里的太白山寻师去了。

太白山是秦岭最高峰，在郿县以南。经过多日的艰苦跋涉，孙思邈才来到太白山，找到了那位病人所说的人——陈元。可遗憾的是，陈元并不是医生，他是根据父亲用昆布和海藻治粗脖子病的方法，每次上山时带一些回来，用完就没有了。

知道了这些情况后，孙思邈感到有些失望。但他并没有灰心，心想："既然陈元的父亲会治粗脖子病，他就可能知道这种病的情况。"

于是，孙思邈便在这里住了下来，一边给山区人治病，一边同陈元上山采药互相学习交流。一天，陈元偶然地说出了他父亲说过的一句话："不知啥原因，雀目病待人不公平——专欺侮穷人，富人根本不害这种病。"

听到这话，孙思邈心里一动："看来，穷人是由于身上缺少某种东西才害雀目病的。如果让穷人吃富人的食品，说不定能治好雀目病。"

在陈元父亲所说的话的启发下，孙思邈整日整夜地研究如何治疗雀目病的问题。一天夜里，孙思邈正在一边苦思冥想，一边查看医书。忽然间，他好似在黑暗中看到闪电一般，眼睛亮起来。因为他在医书上找到"肝开窍于目"这样一句话。他想："眼睛的病多半与肝有关，那么吃动物的肝儿是不是可以补益眼睛呢？"后来经过实践，孙思邈找到了医治雀目病的方法——用食物疗法，吃动物的肝儿来治雀目病，收到很好的效果。

为搞清如何治粗脖子病的问题，孙思邈在一次偶然的机会里，找到吃牛靥治粗脖子病的方法，吃羊靥也有效。

孙思邈用食物疗法，为很多雀目病和粗脖子病人治好了病。这些人对孙思邈总是千恩万谢，称赞他的医术高明。但孙思邈却总是念念不忘地说："这都是陈元父亲的启发才使自己搞明白治病方法的。"足可见他对"一言师"都是十分难忘的。

唐太宗贞观三年，孙思邈被聘进京。到长安后，他依然坚持勤学好问的习惯。他听说长安有甄枚和甄立言两位高医，就想登门求教。但这两位医生年事已高，正忙于著书，不肯接见人。孙思邈却不顾这些，千方百计地找到了他们，诚恳地向他们求教。两位名医深为孙思邈的好学精神所动，不但同他一起探讨了许多医学上的问题，而且把自己的著作《针方》、《明堂人形图》、《古今验方录》等送给孙思邈，供他学习参考。

贞观十四年，60 岁的孙思邈重返家乡，把自己一生搜集的医方，医药标本整理撰写了《备急千金方》和《千金翼方》，这两本书是他一生对药物研究，走遍家乡和汉中、四川一带，遍访名师、求教群众、研究古代经典而获得的硕果，集当时和前代医学之大成，在中国医学史上占有重要地位。

画圣吴道子拜师

> 师友贵隆亲，古学当自反。
>
> ——（宋）刘过
>
> 《湖学别苏召叟》

吴道子，唐朝开元盛世的画圣。他天性聪明，一向好学，在向师傅学画的一群学生中，他的成绩最为突出，画得很好。师傅看他学有所成，决定让他出去闯荡一番。临别时向他赠言："不拘成法，另辟蹊径。"

吴道子认为已经学得很好，自己了不起了，恃技狂傲。一次，与名画家杨惠之比画，结果比败了，他羞愤难当，不仅撕了自己的画，也把杨惠之的画抢过来撕掉了。

他没想到还有比他画得更好的人。他衣衫不整，失魂落魄地来到一家酒肆。正巧，当朝的秘书监贺知章和长史张旭正在豪饮。他们醉后挥笔。贺知章提笔写出一幅古拙沉雄，大有飞动之势的狂隶书："酒中去寻蓬莱境，悠悠荡荡上青云。"而张旭展臂挥写，两行狂草出现在墙壁上，写道："张颠自有沧海量，满壁龙蛇碗底来。"其字迹真如龙蛇狂舞，气势豪壮。

吴道子看得发呆，仿佛得见天人一般。他奔到贺、张二人面前，扑地跪倒，纳头便拜。贺、张二人见一满脸污垢的人跪在面前，以为是乞丐来乞讨，连忙扔下两把碎银，向门外走去。吴道子慌忙站起，跪到门前，把二位大人拦住，重又跪倒在地，说："在下姓吴名道子，愿投在二位老先生门下学习书法。"贺、张二人这才明白吴道子的用意，但看他这副怪模样，都不大欣赏地摇了摇头。在他们看来，这个人怎么能学好字呢？贺知章拉着张旭，绕开吴道子又向门外走去。

吴道子一看，他们不肯认他为学生，重又站起，急得大叫："二位先生慢走！"然后，跑过去连连叩拜不起，只叩得额头青紫，流出血来，嘴里还不住地说道："道子实在是为先生的技法倾倒，望能收下弟子，望能收下弟子。"一时间声泪俱下。

贺、张为吴道子的一片挚诚所感动，忙过去把他扶起来。张旭取出自己写的真、行、草三幅字给吴道子，要他先临习两年，说："字外无法，法在字中，勤奋就是诀窍。"

烈日炎炎，蝉鸣不已，吴道子在室内赤臂挥毫，练习楷书。他大汗淋漓，案上已积满了已书写过的纸张。

秋去冬来，大雪盖地，吴道子在书写狂草。

一年过去了，吴道子去拜见恩师。张旭见吴道子来，马上问道："你为何临摹刚一载就来找我？"吴道子把一幅自己写的草书呈给张旭，回道："弟子来请恩师指导一下……"张旭将条幅展开一看，很生气，随手掷于地上。吴道子见状，连忙跪在地上说："恩师，弟子知道，技法还远未练成，然而弟子不是为学书法而学书法的。""嗯？"张旭面有愠色。

吴道子说："弟子本来志在丹青，现如今画坛技法俱已陈旧，弟子志在创新，另开蹊径，然而苦于无从下手。也是苍天助我，幸得偶见恩师书法，笔走龙蛇，气势磅礴，猛然悟得若能以书法绘画，便可一改前代画风，于是拜在恩师门下。现有一拙作，望恩师赐教。"说毕，将一幅"兰叶描"金刚力士像呈现张旭面前。

张旭接画在手，展开观看。吴道子窥视着老师的脸色。但是，张旭却一脸矜持之情，不露声色。观后，张旭将画卷了起来。

吴道子起身道："弟子还要游遍远近山川庙宇，再练山水画技，就此告辞了。"说完，对着张旭拜了三拜，转身离去。

张旭待他走后，才展开画幅重新看了又看，赞叹道："绝顶聪颖绝顶狂，天生道子世无双。"

李白求师

> 人不可以不就师矣。
>
> ——（汉）王符《潜夫论·赞学》

李白是我国唐代的大诗人。晚年，由于政治上不得志，李白怀着愁闷的心情，漫游名山大川，经常寻师访友，写诗。

一天清晨，李白正在安徽歙县县城街头的一家酒店里喝酒，忽听到一阵爽朗的大笑声。接着，便听见有人在高声吟诗："负薪朝出卖，沽酒日西归。借问家何处？穿云入翠微！"

李白听了，不觉一惊。这是谁？竟能随口吟出这样动人的诗句！他向酒店伙计打听，伙计告诉他："吟诗者是名叫许宣平的老翁，因为看穿了世俗，恨透了腐败的官府，弃官隐居到深山。可是谁也不知道他住在哪座山里，只是经常看见他到镇里柴行卖柴，卖掉柴就打酒喝，喝醉了就一路走一路吟诗。……"

李白暗想：这不正是自己所要寻找的知己吗？我必须马上与他相见，拜他为师，向他学习诗艺和做人处世的道理。李白立刻追出门去，只见老翁已经走上了街头的小石桥。李白大声喊道："许先生，请留步。"许宣平回头见是一个身穿锦袍官服的陌生人在喊他，扭头疾步远去，一会儿就无影无踪了。

李白没有追上许宣平老翁，心里非常懊悔。那天夜里，他怎么也睡不着觉。心想，自己活了大半辈子，还没结识几个真正的诗友。今天遇见了这样一位"诗仙"，想欲求教，又错过了机会，明天一定要找到他。

第二天一早，李白就赶到了柴行门口等候许翁，可是一直等到日落西山，也不见踪影。就这样，李白一连等了4天，天天落空。李白求师心切，决定进山去寻找。他翻山越岭，整整找了一个多月，还是没有找到许翁。李白有点泄气了。可是，他一想到少年时代碰到的那位用铁杵磨针的老婆婆讲的话，就咬了咬牙，紧紧腰带，又继续往前走去。

这天黄昏，李白走到了紫阳山下，只见山前立着一块巨石，石上龙飞凤舞地刻着一首诗，李白边看边读，被这首恬淡自然、充满情趣的诗吸引住了。他情不自禁地连声叫道："妙哉！妙哉！真是仙人之声呀！"他料定这首诗是许宣平老先生写的，便更加坚定了拜许翁为师的决心。

李白继续往前走，忽见崖石前平地上有一堆稻谷，心想这肯定是许翁晾晒的，就坐在崖下等候，不知不觉地睡着了。忽然山下小河里传来一阵阵击水声，李白惊醒了，寻声望去，只见一位须发飘飘的老人正站在船上弄桨。李白急忙迎上前去，询问道："老人家，请问，许宣平老翁家在何处啊？"

原来这位老人正是李白要找的许宣平老翁，上次在镇上，看见身穿锦袍官服的李白追赶自己，以为又是朝廷找他去做官，就赶快躲开了，而且再也没到镇上去卖柴。没想到，这人又追到了这儿，便反问道："你是谁？找许宣平有什么事？"李白回答说："我是李白，找许先生是为了拜他为师，向他学习诗艺呀！”老翁一听大吃一惊，没想到这位风尘仆仆、满脸汗水的人竟是天下闻名的大诗人李白呀！老人双手一拱说道：“哎呀，你是当今的诗仙，我许宣平算什么，不过是诗海里的一滴水罢了，大海怎么能向一滴水求教呢？实在不敢当呀！”说完，撑船便走。李白急了，忙上前，苦苦哀求道：“老人家，学生为了寻找您，已经在这深山野岭之中转了三个月了，难道您就用这么一句话把我打发了不成？……”

李白的真诚感动了许翁，他请李白上了船，向河心划去。

从此，人们经常可以看见李白和许宣平老翁坐在溪水边或山林中饮酒吟诗。

李贺诚心拜名师

> 我所遇见的每一个人，或多或少都是我的老师，因为我从他们身上学到了东西。
>
> ——爱默生

李贺，字长吉，福昌（今河南宜阳西）人，唐代著名诗人。

李贺自幼喜欢读书写诗，小小年纪就已在写诗上显露了才华。为了提高写诗的水平，实现自己要成为诗人的愿望，18 岁那一年，李贺决定到东都洛阳去拜名师。临离开家乡时，父亲拉着他的手，嘱咐说：“孩子，你如今已经长大了，该到外面去闯荡闯荡。京都名人很多，到了那里，你要诚心诚意地向名师求教，只有这样，你才能学到真本事，实现施展自己才能的宿愿。”

唐代著名的文学家、哲学家韩愈当时就住在洛阳，他是一位名望极高的师长。李贺一到洛阳就听到不少人向他介绍韩愈。有人说：“韩先生像伯乐，非常赏识有真才实学的人。”也有人说：“韩先生虽然爱才，但眼光非常高，一般水平的诗文是根本看不上眼的。他怎么会轻易看得起一位年轻无名的乡下人呢？”还有人说：“韩先生脾气很不好，有时生起气来，吓死人呢。”……

李贺听了这些议论，最初心里也有些打鼓，不敢贸然到韩愈府下求教，但又一想，不大胆地向名师求教，又怎么能够得到名师的指点帮助，又怎么能进步呢？他决心竭诚拜韩愈为师。

当时正值盛夏，拜师那天骄阳似火，烤得人难以忍受，但李贺却穿戴得格外整齐，信心十足地向韩愈府上走去。

这天，韩愈正好刚从一位朋友那儿回来，因有些疲劳，就靠在椅子上休息。这时，仆人轻手轻脚地走到韩愈身旁，低声说：“大人，门外有一位英俊青年，要求拜见您！”韩愈微微睁开眼睛，向仆人挥了挥手，说：“不见，我想休息休息。”仆人退出，对等候在门外的李贺说：“韩大人今天累了，不能接见你。”李贺却执意不肯离去，诚请仆人再次回报自己要求拜见韩大人。

那仆人又翻转回来，为难地对韩愈说：“大人，这青年就是不肯走，非要见您不成，您看……”韩愈心想：我今天还有许多事情要做，这个青年又不知是什么身份，也不是什么重要人物……就对仆人说：“今天不行了，还是请他回去吧！”

当仆人再次告诉李贺，韩大人不能接见他时，李贺从怀中掏出一本厚厚的诗稿，请他无论如何将它呈送给韩大人过目。仆人看到李贺站在烈日下，汗水顺着脸颊和脖颈往下流，被他求师的决心所感动，就再次去回报韩大人。

当韩愈看到仆人又转回来，心里十分不悦。仆人忙将诗稿递给韩大人，说：“大人，这位年轻人请您务必抽空看看他的诗稿。”韩愈接过诗稿，只见第一页上醒目的标题，写着《雁门太守行》，诗的第一句是“黑云压城城欲摧”。“啊！好句子！气势不凡！”韩愈只看了诗的头句，马上赞不绝口，精神为之振奋，造不及待地又往下读了起来：“……甲光向日金鳞开。角声满天秋色里，塞上燕脂凝夜紫……”读到这里，韩愈的疲劳一扫而光，对仆人大叫一声：“快！请客人进来！”

韩愈见到李贺，连连称赞他的诗写得好，并拍着他的肩膀说：“要不是你如此执著地求见我，我可能永远无法发现你这位青年诗才。”

从此，李贺就拜在韩愈门下学习，写诗作词上有了很大的进步，很快成为诗坛上的名人。

状元汪应辰拜师

> 圣人无常师。
>
> ——韩愈

宋朝状元汪应辰，是信州玉川人。小时候就和一般儿童不一样，好沉思，老成持重。不满 5 岁，就会背很多古诗，出语惊人。18 岁考中了进士。他的试卷特别突出。主考宋高宗出的题目：“吏道，民力，兵势何者为本。”汪应辰没有就事论事，指出三者都不是根本。“治之要以至诚为本。”高宗看后，非常满意。一定要殿试。结果一看是个少年，觉得非常惊奇，特开一例，让他到大殿上来。侍从让他到了殿上，高宗非常满意。汪应辰中了状元，在朝中任职。

可是他总觉得自己知识有限，应百尺竿头再进一步、精益求精。他小时候，就听说京城有个张九成，是个大学问家。久不得见，深为遗憾。如今和他同在一个朝廷任职，就主动到张九成府上，拜张九成为师。张九成很谦虚地说：“自己老了，没有资格担任当朝'状元郎'的老师。"可是汪应辰不依，接连下拜，由于他对自己学业精益求精，二人成了忘年交，互相研究学问。以后又听说当朝宰相赵鼐有学问，又做了赵鼐的幕僚，虚心向他请教。二人也成了很要好的朋友。

汪应辰虚心求教，精益求精，学问大有长进，成为宋代名流。

陆佃千里求师

经师易遇，人师难遇。

——司马光

陆佃，字农师，越州山阴(今浙江绍兴)人，是我国宋代著名诗人陆游的祖父。

陆佃小时，家境贫困，没钱供他上学读书，只得帮助家里打柴、耕田。但他酷爱读书，居贫苦学，从不放过一点空余时间，白天劳动空间，晚上劳动后，都是他读书的好时机。他一边干活，一边向有学问的人求教，把学到的知识记下来，不断丰富自己的才学。夜晚没油点灯，就在院子里映月光读书。经过十几年的苦读，陆佃在当地已初露头角，小有名气了。

古时学校很少，求师困难，求名师更为不易。他为了学得更多的知识，决定到外地拜师求学。当他得知唐宋八大家之一、著名文学家王安石正在江南讲学，便决心去拜师。

为了拜师，他穿着草鞋，背着铺盖，长途跋涉，跑了千里路程。一天下午，来到一条河边，当时没有渡船，只得把行李顶在头上涉水过河。当他走到河心，突遇山洪暴发，巨大的洪流将他卷走，幸好被一位好心的艄公救了上来。经过几个月的努力，历尽艰辛，终于找到了王安石，当他跨进王安石的家门时，已精疲力竭了。王安石看到这位不远千里前来求学的有志青年后，十分喜爱，决心把全部知识传授给他。

在王安石的精心教导下，陆佃学习非常刻苦，博览群书，知识面极为广泛。在京师考试时，考官将题目一道紧接一道地发下来，许多人都惊慌失措，陆佃却从容答对，考中进士。他精通三礼，受到宋神宗的称赞，被提拔为中书舍人、给事中。徽宗继位，陆佃先被召为礼部侍郎，升吏部尚书，又拜尚书右丞，后转左丞。

陆佃一生虽然大多数时间在官场度过，仍坚持写作，著书 242 卷，如《埤稚》、《礼象》、《春秋后传》、《陶山集》但等，皆传于世。

岳飞从师周侗

举世不师，故道益离。

——柳宗元

岳飞，字鹏举，南宋时大将，著名

的抗金民族英雄。他率领的岳家军屡败入侵的金军。

岳飞小时候，家境贫穷，上不起学。他家隔壁是村里三个员外合办的学馆。文武双全的周侗就在这个学馆里教书。

岳飞仰慕周先生的学识，每天将凳子垫了脚，爬在墙头上听周先生讲学。

一天，周先生出去了，临行给学生王贵、张显、汤怀三人出了一个作文题。

爬在墙头上的岳飞心里想道：先生既已出门去了，我何不到馆中看看？于是，他绕道走进了学馆。

没想到，岳飞被王贵一把扯住，说：“张哥、汤弟，他就是岳飞，我爹常夸他聪明。先生给我们出了文章题目，我们哪有心情去写，何不请他代笔？”

张、汤两个孩子说：“有理！”

岳飞说：“怕我写的不中先生意！”

“休要太谦！你肚中饥饿，抽屉里有点心！”王贵怕岳飞跑了，把书房门反锁起来，王、张、汤三人飞跑玩耍去了。

岳飞坐在凳上，依照三人的口气写了三篇文章。然后，他又翻看周先生写的文章，不禁拍案叫绝：“我岳飞若得周先生教诲，何愁不能成才？”

正在这时，只见王贵、张显、汤怀三人风风火火地跑了回来，说：“不好了！快走！先生回来了！”

岳飞慌忙离开书馆回了家。

周先生回馆，检查三个学生写的文章，逐篇看过，文理皆通，与往日写的文章大不相同。周先生很纳闷儿：三个学生的学问怎么骤然长进了许多？他严肃地盘问三个学生：“刚才何人来过？是谁人为你们代笔？”

三人开始还在抵赖，被先生盘问不过，只得把岳飞来馆代笔的经过招了出来。

周侗大喜，命令王贵将岳飞请来。

岳飞惴惴不安地来到馆中，拜见过周先生，说：“小子年幼无知，一时狂妄，望先生恕罪。”

周先生问：“你从师何人？”

“无师，是跟家母学的。”

周侗连忙说：“快请令堂大人来馆！”

岳飞回家请来了母亲。这时，三个员外和他们的夫人也来到了学馆。

周先生对岳母说：“令郎今后必成大器。玉不琢，不成器，我欲收令郎为徒，愿将平生所学教他！”

岳母大喜。岳飞连忙跪拜于地：“恩师在上，受学生一拜！”

从此，岳飞跟周侗学文习武，视先生为义父。周侗把十八般武艺，尽数传授给他，他的学问也大有长进。

不料，周先生年事已高，偶感风寒，一病不起，竟溘然长逝。

岳飞十分悲痛，同王贵、张显、汤怀将恩师安葬在沥泉山旁。岳飞在坟侧搭个芦棚，他居住在棚内为恩师守墓。

后来，岳飞没有辜负周先生的期望，成了国家的栋梁之才，当上了率领千军万马的大将军。入侵的金军一见岳家军，皆望风而逃。时有民谚说："撼山易，撼岳家军难！"

宋濂求师宁吃千般苦

> 善学者师逸而功倍，又从而庸之；不善学者，师勤而功半，又从而怨之。
>
> ——《礼记·学记》

宋濂(1310—1381)，字景濂，号潜溪，明初大臣，文学家，与刘基、高启并称为明初"三学士"。

宋濂从小就酷爱学习，但家贫买不起书。为了读书，他常找当地藏书富甲一郡的郑义门借书。书一借来，他就抓紧一切时间抄完送还，从不过期。由于他爱学习、守信用，才能常借到书，这样使他读了很多书。

二十岁以后，宋濂的求知欲更强烈了，渴望得到名师的指教，却苦于找不到名师，又没有学识渊博的朋友一道研究学问，为此宋濂常常感到苦恼。

一天，有人告诉宋濂百里以外的地方有一个学识渊博的老先生，向他求学的人众多，是个难得的良师。

听到这个消息，宋濂十分欣喜，立即决定登门拜师。

当时正值数九寒天，穷困的宋濂却裹着一件破棉袄出门拜师。凛冽的北风刺骨，爬高山，越深谷，几尺深的积雪更使他举步艰难。脚冻裂了口子，四肢冻得麻木了，宋濂却全然不顾，一心拜师求学，后来严酷的风寒已冻得他无法支撑了。幸好被一位好心的客店主所遇救护。

宋濂求学，更是不易。那位老先生对待学生的态度非常严厉。每次求教，宋濂都要恭恭敬敬地站在教师的身旁，小心翼翼地提出问题，探问究竟，然后躬腰曲背倾耳等候解答。就是这样，老先生有时也会不耐烦，宋濂还要常常遭到无端的呵斥，甚至是没有自尊的训责。

宋濂遭到这样的呵斥，心里有时也无法承受，泪水常会不争气地涌出来。但他想："自己是来求学的，为的是向教师学得知识，不能计较先生的态度。"因而他常以张良进履的故事来激励自己，极力抑制住要流出的眼泪，掩饰自己为求学而丧失自尊的痛苦，对老师的态度反而更恭谦了，礼节更周到了，耐心地等到先生高兴时，再提出问题请教。

当时与宋濂同学的人，大都是些纨绔子弟：衣食住行非常奢侈。宋濂却从不羡慕他们，更不觉得自己寒酸，他常想："虽口体之奉人也，以心中有常乐者也。"因而，求师更加虔诚，修学更加刻苦。

后来，宋濂又先后拜过元末著名

的古文家吴莱、黄溍、柳贯等人为师。求师时总是不顾酷暑严寒，顶风冒雨，长途跋涉。又常常是衣不遮体，食不饱腹。即便在条件好的时候，他一天也只能吃两顿饭。但他从不把这些难耐的苦痛放在心上，却把求得高师，得到真知看做是最大的快乐。

宋濂不辞劳苦虔诚求师的精神为后人所敬仰，历来被传为佳话。宋濂更无负于求师的艰难而潜心修学，使他的史学知识博大精深。文采出众。散文名噪于世。平生著述极富，主修了《元史》，著有《宋学士文集》七十五卷，《浦阳人物论》、《孝经新说》、《龙门子》等。在当时影响很大，蜚声海内外，高丽、日本等国的使臣来中国，总是要问候宋先生，广泛购买他的文集。

李时珍处处拜师

> 古之学者必严其师，师严然后道尊。
>
> ——欧阳修

李时珍，字东璧，号濒湖，是中国明代著名医学家。

明朝的时候，医生的社会地位十分低下，被排到所谓下九流的行列里，人们既需要医生，又看不起医生。李时珍就是生活在这样一个社会环境中，从小继承父业，毕生钻研医道，直至成为一位闻名全球的大医学家。

大约在他 35 岁的时候，李时珍发下宏愿，决心重新修订医学名著《本草》。为实现这一理想，李时珍在十年苦读的基础上，立志要再行万里路。他知道，人人皆有专长，人人都可以成为自己的老师，他是这样想的，也是这样做的。

在行万里路的过程中，每到一地，他就向当地的农民、山民、渔民、樵夫、猎人、药农学习，向他们请教。凡是遇见他不懂的、没见过的知识，他都虚心请教，认真记录，积累了十分丰富的宝贵资料。

有一次，李时珍走到一处驿站，已累得非常疲乏了。一些往来于驿站之间的车夫们正聚在一起，见到李时珍，便热情招呼他坐下。见到李时珍如此疲惫的样子，一个车夫从眼前刚刚熬好的一盆汤中盛了一碗，端给他说："来，吃碗解乏汤试试。"李时珍端过碗来一喝，微甜，略带清香。急忙问："这汤是用什么熬的？叫什么？治什么？"车夫们笑着告诉他："这是用叫鼓子的旋花熬的汤，这种草药能治理筋骨损伤，保护筋骨，解除疲乏。"说罢，还拿了些粉色的旋花给他。李时珍听罢，兴奋得跳了起来，连忙把车夫们的话记录下来。李时珍由衷地感谢这些车夫老师！

还有一次，李时珍来到河旁边，给一位渔民治过病后，渔民们盛情地招待他吃了一顿海鲜。餐中的一道鱼菜，吃起来味道鲜美。一问才知道是“河豚”。李时珍立刻就想起了“舍命吃河豚”的谚语了。看来只有知道河豚味美无比，才会懂得为什么有人宁愿舍命，也要吃河豚了。但是为什么吃河豚要“舍命”呢？李时珍非常谦虚地一一向渔民们请教，渔民们告诉他：“吃了河豚的脂油，会使人舌头发麻；吃了河豚的子，会使人肚子发胀；吃了河豚的眼睛，使人眼睛发花；吃河豚不得法，还可能送命。”李时珍就是根据渔民们的这些经验，总结出了“油麻、子胀、眼睛花”的顺口溜，告诫人们，吃河豚千万小心以防中毒。

每到一地，李时珍都要到当地的制药作坊，向制药工人询问一些药物的制作方法，请教制药的一些技术问题。

李时珍就是这样，时时学习，处处拜师，生活在大自然的课堂里，生活在群众的智慧海洋里，不断武装自己，不断获得真知灼见。他踏遍了大江南北，访问了上千人，阅读了800多种医药典籍，记录了大量珍贵资料，写下了几百万字的笔记，经过反复修改、校对、整理，三易其稿，历经30年时间，在他61岁时，一部划时代的医学巨著《本草纲目》终于问世了。

董沄七十拜师

> 无贵无贱，无长无少，道之所存，师之所存也。
>
> ——韩愈

董沄，字复宗，号梦石，浙江海盐人，明朝嘉靖年间著名的文人、学者。他知识渊博，早年爱好文学，但从不满足，对学识孜孜以求，“以能诗闻江湖间”。

68岁那年，他到会稽（今浙江绍兴），听说王阳明正在深山讲学，便赶去听课。一连听了几次，感到王阳明很有学问，特别是对他的理学观点非常赞赏，诚恳地提出要拜王阳明为师。当时，王阳明53岁，不肯收已68岁的董沄为学生，再三推辞，董沄的一些朋友也都劝他：“你已这么大年纪了，也很有名气了，何必如此呢？”而董沄则说：“吾从吾之所好为之。”（我是按照我自己的爱好去从头做的）并改号为从吾道人，决心跟随王阳明从头学起。

两年后的一个除夕晚上，董沄整整70岁了，他决定正式向王阳明行拜师之礼。那天，天正下着雨雪，寒风刺骨，道路泥泞，他不顾家人的劝阻，自己背着铺盖，一跌一滑地赶到王阳明的住处。70岁的老学生向55岁的老师行了跪拜礼，正式确立起师生关系，两位老人在烛光下，精神焕发，相对守岁，开始了新的一课。

过了两年，王阳明去世了，董沄悲痛地诀别了老师。他痛悔自己拜师太晚，没能把教师的全部知识继承下来。为了弥补这一损失，他便专心致志地钻研王阳明的遗著，学到了很多理学知识，他的学识更加渊博了。直到他77岁去世那一年，也一直苦读不息。

徐光启拜利玛窦为师

> 冰山在海里移动很威严壮观，这是因为它只有八分之一露出水面。
>
> ——[美国]海明威

徐光启是明朝末年著名的科学家，一生在学术上勤勤恳恳，孜孜以求，尤其在天文、数学和农学上，更是成果卓著。

公元1596年夏天，徐光启任广西浔州知府赵凤宇的家庭教师，随赵家一起来到浔州。在那里，他结识了意大利神父郭静居，他第一次看到了一张《万国全图》，神父指着地图给他看中国在哪里，欧罗巴(欧洲)在哪里，意大利在哪里。徐光启看后十分惊异，有生以来第一次知道，除了中国之外还有那么广阔的地域。这使他非常倾慕，当他知道这图是耶稣教会会长利玛窦所绘时，便暗暗下了决心，一定要找到利玛窦，拜他为师，跟他学习。

在郭静居的指点下，徐光启几经周折，多次追踪，终于见到了利玛窦。两人一见如故，从天文、地理谈到数学，非常投机。利玛窦用欧几里得的《原本》举例，对比中西方教学特点的一番谈论，使徐光启一下子便迷上了《原本》。

“先生，可以把你的《原本》一书借给我看看吗?”徐光启恳请道。

利玛窦笑了，他摊开两手说:“可惜还没有翻译成中文，先生读不懂。”

一种对科学强烈追求的欲望，使徐光启下了一个更大的决心，一定将《原本》译成中文。

为了学习西方科学，为拜利玛窦为师，公元1603年，他全家加入了天主教。第二年他又考中了进士。在他再三的请求下，利玛窦终于开始向他讲授《原本》和绘制地图的方法。老师规定每两天向他讲授一次。无论是大雪纷飞，还是黄沙弥漫，徐光启总是按时到达，恭恭敬敬地听利玛窦的讲述。

经过一段时间的学习，徐光启终于弄通了欧几里得《原本》。他发现该书着重阐述数学的基础理论，有严密地逻辑推理，确实能弥补中国古代数学的不足，就建议利玛窦说:“这段时间先生不辞辛苦，精心讲授，晚生已基本掌握了《原本》的要旨。请先生继续赐教，与晚生一起把该书译成中文，名字可否定为《几何原本》?”在徐光启的精神的鼓舞下，利玛窦答应试一试。《几何原本》的翻译工作终于开始了。

整个冬天他俩都是在灯烛下度过的。白天徐光启要去办公，只是晚上才能与老师一起译书，一开始就遇到了很多困难，书中专用名词在汉语中没有，只能由两人琢磨决定，但是经过多次推敲，反复修改，才定下来的。常常为了一个名词，他们想了几个晚上，改了十几次，还不满意，有时一个章节译完了，但因文字艰涩难懂就推翻了再译，直到文字准确，通俗易懂时为止。

时光荏苒，他俩从大雪纷飞季节译到了桃李花开时，译完了前三卷。他们没有时间去游春赏花，继续奋战，终于在五月前译完了前六卷。

初稿译完后，徐光启又反复修订了两遍，直到六月末，终于定稿刻印了。

公元 1607 年，《几何原本》终于印出来了。本书装帧十分精细，第一页上工工整整地印着“几何原本”四个大字，写着“利玛窦口译，徐光启笔录”。看着他们共同心血的结晶，两人都流下了激动的泪水，表达了真诚的师生情谊。

马锦当仆学戏

只有一门学科是必须要教给孩子的，这门学科就是做人的天职……我宁愿把有这种知识的老师称为导师而不称为教师，因为问题不在于要他拿什么东西去教孩子，而是要他指导孩子怎样做人。

——[法国]卢梭

明代后期，陪都金陵(今南京)是一个繁华之地，游人如云，到处呈现一派歌舞升平的景象，仅戏班子就有数十个。其中最出名的，一个是兴化部，一个是华林部。著名演员马锦，字云将，祖辈是西域人，他是兴化部的主要演员。

一次，一个富商遍请贵客文人，举行盛大宴会，让兴化部和华林部演对台戏助兴。兴化部在东台，华林部在西台，同时上演《鸣凤记》。这是一出反映杨继盛等“谏臣”与严嵩父子等奸佞之间矛盾斗争的戏。开头，两台歌声悠扬，同样赢得了观众的好评，而当演到严嵩和夏言两个宰相争论是否收复河套的时候，两台演员的演技便显出了差距，观众都面向西台，为华林部扮演严嵩的一位姓李的演员喝彩，有的大呼：“端酒来!”有的索性把座位移到西台前面去了，不再向东台观望。东台上还没等这出戏演完，便停锣息鼓了。原来兴化部扮演严嵩的马锦自感羞愧，当即卸装不知去向了。

马锦是金陵著名的歌手，兴化部的主要演员。自他出走后，兴化部又不愿意随便找人接替他，只好停演了。于是，华林部独享盛名。

过了三年，马锦又回到了金陵，召集他的同伴重理旧业。他又找到原先那位富商，请求道："希望你再举行一次宴会，把上次请过的客人全部请来，我们兴化部和华林部重新对台演一回《鸣凤记》，给大家助兴。"那位富商欣然应允。

两台戏照例同时开演。演到严、夏两宰相争论河套问题时，马锦简直把严嵩演活了，不要说观众为之倾倒，连西台那位姓李的演员，也失声叫好，连忙跑到东台，跪倒在马锦面前，甘愿做他的徒弟。

当天晚上，华林部的一些演员都到兴化部去拜访马锦，请教说："你的演技本来也不错，可是比不上李君，李君扮演严嵩，可算是演绝了，现在你又从哪位高师那里学了这一套演技，竟然把他压倒了呢？"

马锦回答："李君扮演的严嵩，确实是天下无与伦比，可是他又不肯教我。我怎么办呢？我听说当今宰相顾秉谦同严嵩是同一流人物，便跑到京城里，请求给他当仆人。整整三年来，我每天伺候他，仔细观察他的举止，琢磨他的语言，久而久之，对于他的一举一动、一言一行，全部摸得熟透。这就是我拜老师的经过啊！"

大家听了，都佩服他为演好角色而立的恒心和所下的苦工。

袁枚多方求教

> 教师的职务是"千教万教，教人求真"；学生的职务是"千学万学，学做真人"。
>
> ——陶行知

袁枚（1716—1798），字子才，号简斋、随园老人浙江钱塘（杭州）人，清朝著名诗人。袁枚不仅诗写得好，而且散文、骈文都写得纵横跌宕，自成一家，与当时的大文学家纪昀齐名。世人称之为"南袁北纪"。他的著作有《小仓山房文集》、《随园诗话》、《子不语》等流传于世。

袁枚的成功，在于他的不耻下问，多方求教。书是他的老师。小时候由于家境贫寒，买不起书，袁枚便向附近藏书富者去借。屡借不得，"归而形诸梦"。

一切人，一切自然现象也都是他的老师。无论邻里小儿，山野牧童，还是白发老农，都是他学习的对象，他乐于同他们交谈，希望从他们的谈吐中有所收获。自然现象，也都是他的老师。无论花草树木，或山水风云。他都要细心观察，希望能从观察中悟出道理。

时值二月，袁枚远行。送行的和尚见春色正浓，惋惜地说：“满园梅花正盛开，可惜的是您老人家不能带走它啊！”袁枚听了，随口吟道：“只怜香雪梅千树，不得随身带上船。”

十月的一个晚上，袁枚在随园里散步。此时，万籁俱寂，明月当空。月光下，一片竹林郁郁葱葱，几株老梅繁花似锦。袁枚触景生情，便吟起诗来，但有两句总吟不好。此时一位老农担粪而过。见了袁枚，高兴地说：“先生，梅花树已经有一树花了！”袁枚听了，心里一动，两句诗脱口而出：“月映竹成千‘个’字，霜高梅孕一身花。”随后朗声大笑道：“今天，满园的美景给了我意境，老人又给了我佳句！真乃幸遇多师也。”

袁枚常说：“从事创作，不仅要餐经馈史，博览群书，还要向老百姓学习，向大自然学习。我们这些所谓诗人、文人如能拜他们为师，还怕写作源泉枯竭吗?”

太极巨星杨露禅拜师

子曰：“温故而知新，可以为师矣。”

——《论语·为政》

杨露禅(1799—1872)，本名杨福魁，字露禅。河北永年县人，清末武术家，人称“太极巨星”。

杨露禅小时候家世贫寒，酷爱武术。他稍大以后，以卖水、卖土为生。由于天天推车，练就了惊人的臂力。

他在有些功夫之后，喜欢同人比试拳脚。有一次，他给永年城太和堂药店运货，听说店伙计们都练“绵拳”。绵拳，运好气之后不但能借人之力打人，而且能拨动千斤之物。由于他怀疑绵拳威力，便向人家提出比试。药店掌柜出场。杨露禅攥紧双拳，一个箭步，扑向掌柜。掌柜呢，双手一迎，身子一闪，便躲过了。杨露禅要打第三拳时，忽觉身子右侧遭受到一种无法抗拒的力量，站立不住，向左倒去。杨露禅从来没被人三拳两拳击倒过，知道遇到了出奇高手，于是慌忙跪下，赔礼讨教。掌柜见他爽直诚恳，便向他讲出来历。原来，这太和堂是河南温县陈家沟陈德瑚进士开的。陈德瑚是绵拳创始人陈玉廷的后代，家有继承先祖拳业的兄长陈长兴。药店掌柜正是陈长兴的弟子。露禅听后，立即再拜，要认为师。由于立有祖训，被掌柜拒绝。

杨露禅并没有就此灰心。他立即回家，凑足路费，背上行李，星夜奔赴陈家沟。从永年到温县有近千里路程，由于求师心切，他只用了半个月。到了陈家沟，在村子中间打听到了陈德瑚的家。

陈家门前堆放着许多柁檩砖石，一些人正往来搬运木料。杨露禅高兴极了，一路劳累一扫而光。可是他想：

人家在修建房屋，怎好意思提起拜师学艺的事呢？还是先帮人家多干点活，待日后再想法求见师傅吧！

这时只听有人大喊："上梁喽！"杨露禅立刻跑上前去，扛起一架大柁登上石阶，走到墙基边，稳稳当当地把大梁放下。众人见了，齐声喝彩。

陈德瑚闻声赶来，仔细端详了杨露禅，然后让人把他叫到账房，收留他当了小工。陈德瑚把杨露禅只身扛大柁的事告诉了陈长兴。陈长兴怕是武林高手登门闹事，便急忙来到现场，只见杨露掸浓眉大眼，膀宽腰圆，虽年龄不大，却能毫不费力地将几百斤重的大柁搬到肩上，断定他定有功底。于是说了声："好！"接着说，"这位朋友，你能扛动大柁，我能试试吗？"杨露禅见此人高不到五尺，消瘦干瘪，年近花甲，便说："大柁长有两丈，重有八百，我不费吹灰之力；您年高体瘦，哪能同俺这莽夫相比？"陈长兴哈哈大笑，说："那咱们就比一比吧！我站在柁头，你如果拉我下来，我就认输！"杨露禅想：不用说一个瘦老头，就是铜铁罗汉，俺也把他拉下来！于是说："拉不下来，俺就拜您为师。"陈长兴把绳子系在腰间，另一头扔给杨露禅，一个箭步跳上大柁，说："朋友，拉吧！"杨露禅用力一拉，没拉动；再一拉，又没拉动；他急了。于是，使出了全身力气，身子都要贴到地面了，可是，陈长兴悠然自若，稳如泰山。那大柁呢，眼见着一点点下陷。杨露禅摇摇摆摆，汗水淋漓。站在一旁的陈德瑚，担心兄长年老有失，连喊："停，停！"杨露禅放下绳子，扑倒便拜："敢问大师尊姓大名！"陈德瑚说："这就是兄长陈长兴！"杨露禅听了，激动得落下泪来，连连叩叩头说："弟子久闻师傅大名，不惜跋山涉水登门求艺，万望师傅收下弟子！"陈长兴默不作声。陈德瑚说："兄长，他千里寻师，可见心诚，你就收下他吧！"众人也七嘴八舌地帮腔，陈长兴扬长而去。

杨露禅心想：师傅收徒弟理应有个考验。我今天能见到师傅，就已心满意足。只要能让我在这干活，不愁实现不了求艺愿望。从此，陈家里里外外的脏活累活都被杨露禅包了。一天，他听人说陈长兴师傅天天深夜在花园里练功，就半夜起床，藏在花园的大槐树上。果然，见到师傅来到花园。只见他，一招又一招地练了一遍又一遍。练完后，又回到屋睡觉去了。杨露禅爬下树来，一边打扫庭院，一边琢磨师傅的招数。天亮了，众弟子都来跟师傅练武，杨露禅也夹在中间。就这样，明学暗练，苦心琢磨不知过了多少天，受了多少累。

转眼到了腊月，长工们结账回家过年。可杨露禅既不结账，也不回家。陈德瑚知道了，觉得奇怪，就问："露禅，你为什么不回家？"露禅说："东家待我实在是好，可有一样，我出来已经一年，连师傅都没拜成，哪有脸面回家？"陈德瑚被他的志气感动，就向兄长替他说出心事。陈长兴听了哈哈大笑:“实不相瞒,我早破例将他收下了!”

杨露禅知道了,立刻跑到上房,喊了一声:“师傅!”“扑通”一声跪在地下。陈长兴正要扶起,陈德瑚一摆手,说:“慢着,往日兄长收徒弟,要先练拳,后推手,再磕头。今天怎么啦?”陈长兴说:“他每天三练功,早已掌握了内家拳的奥妙,成为自己人了!”陈德瑚说:“那就叫他显显身手吧!”

杨露禅知道偷艺的事已被师傅识破,只得说:“那就请东家和师傅指教吧!”他凝神走身,练了一趟太极架子。陈长兴感慨地说:“他三更看,四更练,五更扫庭院,亮天以后又一遍。别看只学 8 个月,功勤胜 3 年!”

除夕,杨露禅在新落成的客厅里正式向陈长兴行了拜师大礼。陈氏家族相传 14 代的绝技,第一次传给了“外人”。

后来,杨露禅将陈氏拳的招式进行了修改:缩减了高难动作,增加了简易招数。并且创新了器械,创立了太极刀、太极锤、太极枪等,太极拳得以在祖国各地普及。

1872 年,73 岁的杨露禅逝世。人们对他无比怀念、敬仰,称他为“太极巨星”。

陈毅登门向老塾师求教

> 做老师的只要有一次向学生撒谎撒漏了底,就可能使他的全部教育成果从此为之毁灭。
>
> ——卢梭

抗日战争时期,陈毅曾先后担任新四军的支队长和军长,领导了华中的抗日战争。在他浴血战斗过的大江南北,至今仍然流传着许多关于陈司令的感人故事。

苏中战役打响之前,陈毅住在苏北根据地的一个村子里。房东是一位在外村教私塾的老先生,儿子参加了新四军,家中只剩下婆媳二人。

激战前的陈司令十分繁忙,他日理万机,常常要工作到深夜。一天夜里,他刚写完一份给党中央的报告,站起来松散一下神经。忽然听到从厢房里传来了婆媳俩的声音:“我怎么输了呢?”“妈,您输了,我的马二进三卧槽将军,车又当头,您的帅出不来了!”“啊,好!再来一盘吧!”司令员的兴头来了,真想立即上阵杀一盘。但考虑到夜已深,又面对女流,也只好作罢。

第二天,陈毅向老大娘询问,知道她们会下象棋,赞叹不已,表示要与大娘下一盘。大娘赶忙摇手说:“我和媳妇的棋都是跟老头子学的，首长喜欢下棋，我就捎信叫老头子回来如何？”陈毅说：“不！还是我去登门求教吧！”

傍晚，陈毅去拜访老先生。一进门，就看见墙上挂着棋盘，黑将用钉子钉得牢牢的，上面落满了灰尘。陈毅说明来意后，老先生高兴地摘下棋盘，又把钉死的黑将起了下来，说：“我下棋从来不用老将，今天你是客人，破例了。”于是二人开始对弈。陈毅是下棋能手，他攻势凶猛、凌厉，锐不可当，很快胜了第一盘。第二、第三盘却都呈胶着状态。陈毅连连发动攻势都不能奏效，最后都只好握手言和。老先生一推棋盘，连声说：“不才不才，同志见笑了。”

战役取得胜利后，陈毅带部队到这里休整，又到私塾找老先生下棋，老人十分爽快，从墙上摘下棋盘，摆好棋子，招呼陈毅坐下来对弈。这次老先生并没有把钉在墙上的“将”拿下来，可陈毅却连输了三盘。陈毅深感不解，问道：“老先生，前次对弈你动了老将我反而一胜两和，今天你没动老将我怎么连战连败呢？”老先生说：“你上次来，身后跟着9个带枪的，我知道你是位首长。那时我又听说苏北将打大仗，我想战前不能挫伤指挥员的锐气。后来我才知道你就是闻名的陈毅将军，真庆幸当时没有胜你的棋。现在，一连几个大仗咱们都胜了，我败你两局，好让你冷静一下头脑啊！”

陈毅听到此，连忙躬身施礼说：“在棋艺上您是我的先生，在对待胜负问题上您也称得起是我的老师，请您收下我这个徒弟吧！”

冼星海拜音乐大师杜卡斯为师

> 教师进行劳动和创造的时间好比一条大河，要靠许多小的溪流来滋养它。教师时常要读书，平时积累的知识越多，上课就越轻松。
>
> ——苏霍姆林斯基

冼星海（1905—1945），广东番禺人，生于贫苦渔民的家庭。中国无产阶级革命音乐的先驱，被毛泽东主席誉为“人民的音乐家”。

冼星海自幼酷爱音乐。23岁考入上海国立音乐学院。在音乐上已有了一定的水平，但他并不满足，为了继续学习，他远涉重洋到了巴黎。

这位贫困的年轻人在巴黎勤工俭学期间，被失业和饥饿困扰着，受尽了折磨。但他始终没有放弃自己的理想，坚持不懈地练习拉琴，练习谱曲。他的刻苦精神感动了巴黎多位知名学者，在这些人的帮助下，他的三重奏曲《风》，登上了世界音乐学府的舞台，并获得了荣誉奖。后来他考入了日夜盼望的巴黎音乐院，进入了音乐大师杜卡斯主持的高级作曲班。

杜卡斯是当时世界上最著名的三位音乐家之一，能直接接受他的教育的学生并不多。一个外国的穷学生能得到如此机会真是太不容易了。

冼星海十分珍惜这来之不易的学习机会，刻苦地向杜卡斯老师学习高深复杂的现代音乐理论，掌握欧洲高级作曲技术。他像“饿汉”一样拼命吞食杜卡斯所讲授的每一节课、每一句话。

冼星海在学习中表现出来的超人的才华和严谨的治学精神，使杜卡斯老师对他特别器重。班上的同学对这位最穷、最勤奋的同学也产生了好感。为了帮助冼星海成为一名造诣精深的东方音乐家，杜卡斯教授常给他以个别的指导，并鼓励他说：“不要骄傲，小伙子！要形成表达你们东方人巨大的热烈感情的民族风格，还需要艰苦的努力，不能老让西方人来写你们东方的音乐！”

冼星海望着老师满怀希望的眼睛，深情地说：“我一定记住老师的话，现在对我最重要的就是学习、学习。”

冼星海虽然因为入学考试成绩优异被破例批准在音乐院免费用餐，然而昂贵的学费、书费和每月的房租，常使冼星海窘迫。他曾几次向中国大使馆申请官费津贴，但总得不到答复。冼星海只好半工半读，利用课余时间帮人抄乐谱、到饭馆洗碗、上大餐厅拉琴卖艺，以微薄的收入维持低水平的生活。

经过5年的艰苦努力，冼星海终于以优异成绩于巴黎音乐学院毕业了，并再次受到学院的奖励。

冼星海回国后，积极参加抗日救亡运动，以音乐为武器，宣传我党的抗日路线和主张。后来又奔赴延安，担任了鲁迅艺术学院音乐系主任。他先后创作了《黄河大合唱》、《生产大合唱》、《救国军歌》及《到敌人后方去》等近500首歌曲，充分表达了东方人巨大的热烈感情，唱出了抗战救国的心声，成为中华民族争取自由解放的响亮的号角！

王振国雪夜拜师

> 自我教育需要有非常重要而强有力的促进因素——自尊心、自我尊重感、上进心。
>
> ——苏霍姆林斯基

王振国，吉林省抗癌协会长白山药物研究所所长，在35岁时，世界防癌抗癌组织于1989年第38届尤里卡世界发明博览会上，授予他一枚“军官勋章”、一枚“骑士勋章”和一枚比利时王国荣誉奖牌。他研制的抗癌新药“复方天仙丸”，荣获了唯一的最高个人发明研究奖。

他入伍那年，刚满18岁，在团部卫生队当卫生员，立过三等功，多次受嘉奖，还入了党。部队领导决定提拔他，他硬是不同意。他说自己已搜集了许多民间验方、偏方，准备研制一种抗癌药。他不能离开长白山这天然的中草药宝库，他要回到生他养他的故乡长白山。

他勤于学习，虚心求教，拜一切能人为师。一次，部队拉练经过一个村庄。他曾经听说这一带有位中医能治癌，到了宿营地他一打听，才知已走过十几里路。一天的急行军，人已筋疲力尽，双脚就像灌了铅似的挪不动步。天又下起了纷纷扬扬的大雪。王振国放下背包，向领导请了假，急匆匆返回去找那位老中医。

王振国步履艰难地找到了老中医的家。老中医望着从雪中冒出的他，一副诚恳、期待的神情，二话没说，立即把几例药方交给了他。王振国紧紧握着老人的手，半天说不出一句话，最后迸出一句话："老师，您放心吧！"他向老人深鞠一躬，转身消失在茫茫的雪原中。

四年中，他历尽艰辛，拜老中医为师，通过多种渠道搜集了800多条民间治癌验方、偏方。复员后，他被分配在通化白山制药厂。开始，他业余时间研究，后来干脆辞了职搞个体研究所，潜心研究起来。他到处走访老中医，拜能人为师，又搜集到400多条民间验方、偏方。1983年9月，终于从几十味中药中提炼加工出第一批抗癌新药，取名"天仙丸"。经过几年实验和在自身上、在一些宣布死亡的晚期癌症患者身上服用，收到了显著的疗效。

1985年，国家科委医药科研处在北京第一次召开"天仙丸"民间协调会；1986年初"天仙丸"被列入吉林省科委研究计划。随后国际第一届癌化疗、癌治疗新趋向学术讨论会在北京召开，他作为特邀的唯一没有技术职称的代表，在会上宣读了论文。1988年，国家卫生部批准，抗癌新药"复方天仙丸"由通化市白山制药厂投入批量生产，并在美国申请了国际专利。1989年，通过了国家级鉴定。它在30多个国家20多万名患者的治疗中，有效率和稳定率达到81%，治愈了2 000多人，在国家同类药物中，它的疗效处于领先地位。

赵丹为女儿举行拜师会

> 我们要活的书，不要死的书；要真的书，不要假的书；要动的书，不要静的书；要用的书，不要读的书。总起来说，我们要以生活为中心的教学做指导，不要以文字为中心的教科书。
>
> ——陶行知

赵丹、赵青父女两代，都是成就卓著、蜚声中外的著名艺术家。

赵青从小就十分喜爱跳舞，并受

过严格的舞蹈基本功训练，她以百折不回的毅力，夯实了舞蹈艺术的根基。1956 年，在公演《西班牙舞》和《滑冰舞》时，她以纯熟精湛的舞蹈语言，博得了全场观众雷鸣般的掌声。

然而，一次演出后，我国著名的京剧表演艺术家李少春先生在一番祝贺之后，语重心长地对赵青说："你的舞固然跳得好，不过是跟在外国人后面跑，学得再好，最多是二三流水平。我们民族有许多好东西，只有在民族传统上推陈出新，才会有更大的成就。"李少春先生的一席话，使赵青陷入了沉思……

当赵丹听到这番议论后，就对赵青说："李少春先生说得太好了！中华民族历史悠久，又有光辉灿烂的文化，舞蹈艺术也应该吸收民族的素养，在其中开拓新路。"

赵丹为了使女儿能够从著名老艺术家身上更好地吸收中华民族的艺术营养，进一步提高艺术造诣，在北京丰泽园饭庄特地为女儿举办了一次盛大的拜师会，邀请了我国文化、戏剧、电影界的著名大师夏衍、田汉、梅兰芳、肖长华、裘盛戎、吴祖光、新凤霞、李少春等来参加。

在拜师会上，赵丹拱手向大家致意，并诚心诚意地说："赵青是我的女儿，也是诸君的女儿。20 年前，在她刚出生两周时，我们大家就曾对她寄托了厚望。如今赵青长大了，在舞坛上开始起步了，但是还很幼稚，还在学步。今天，特拜诸位长者为师，恳盼多加指教！"说完，赵丹和女儿分别向到会的各位先生施拜师礼。

当走到李少春先生面前时，赵青向他深深地鞠躬施礼，并恳切地说："李老师，我一定听您的话，走自己的路，发展有中华民族特色的舞蹈，请老师多多赐教！"

拜师会后，赵青没有辜负父亲和大师们的一片苦心，她一方面虚心地向各位艺术大师学习技艺，另一方面更加刻苦地训练，表演艺术有了很大的提高。

第二年，赵青在大型民族舞剧《宝莲灯》中，成功地饰演了主角三圣母，她把贤良、妩媚，追求幸福，敢于反抗封建礼教和邪恶势力的三圣母，塑造得惟妙惟肖，真切感人。她的表演赢得了国内外艺术大师的一致好评。

能者为师

NENG ZHE WEI SHI

王羲之和水饺师傅

师以质疑，友以折疑。师友者，学问之资也。

——李惺《西沤外集·冰言补》

晋代大书法家王羲之被称为“书圣”，他的儿子王献之也是一位大书法家，人称“二王”。

王献之自幼跟父亲学书法，7 岁时他对父亲说：“我的字再写三年也就行了吧？”王羲之对他说：“你能写完 18 大缸的水，你的字才能站稳脚跟。”三年后，王羲之见儿子的书艺有了进步，但见他开始自满，心中十分担心。有一次，王献之和同学举行一场书法观摩会，请王羲之到会评判。会后，这批少年问王羲之：“先生年轻时曾拜何人为师？”

“我最初有两位老师，第一位是我的母亲，叫卫夫人，你们都知道。第二位老师是做饺子的女师傅。”王羲之说着向众人讲了一段故事。

王羲之 17 岁时在母亲卫夫人的指点下书艺大有长进，笔锋初露，震惊了方圆百里，许多人赶来请他题字、写对联。王羲之少年得志，有些飘飘然起来。

一天，他经过一家饺子铺，看见门楣上写着“鸭儿饺子铺”，门的两边写着：“经此过不去，知味且常来。”王羲之看到这 10 个大字写得毫无骨力，结构又差劲。心想：是谁写出这种字来献丑？正想转过身去，腹中感到饥饿，又见铺内食客满座，就走了进去。

王羲之见矮墙边有一口大锅，锅内沸水翻滚。只见一只只饺子从墙上飞来，不偏不倚只只都落入锅的中央，十分准确。他看得惊呆了。

王羲之坐下招呼伙计，不久伙计端上一大盘水饺，只见个个水饺玲珑精巧，活像浮在水面的游鸭。再尝尝饺子，鲜美可口，不一会儿他便把一盘水饺吃下肚去。

付账后，王羲之问店主在哪里，伙计指了指矮墙那边。他看见一位白发老太坐在一块大面板前独自擀饺子皮，包饺子馅，动作利索娴熟，不一会儿一批饺子包好。只见她一边与伙计讲话，一边随手把一只只饺子抛出墙外，连看都不看一眼。

王羲之惊叹不已，欠身问道："敢问老妈妈，你学了几年才练成了这手功夫？"

"熟则50年，深练要一生。"白发老太回答说。

王羲之听了，心想，自己学写字不过十几年就自满起来，好不应该，不觉脸上一阵发热。

"吃了贵店的饺子果然名不虚传，但门口的对联为什么不请人写得好一点？"

那老太一听生气地说："你这位相公有所不知，我何尝不想请名人写副对子，只是像王羲之那种人架子太大，学了不到我这功夫的一半时间就眼睛抬上脑门，哪里会瞧得起我这店铺？我看他的那点功夫还比不上我这扔饺子功夫的一半深呢！"说完只顾做饺子，连看也不看王羲之一眼。

王羲之听了这番话，面红耳赤。

第二天他亲自把给饺子铺写好的一副对联送到白发老太手中。白发老太受了这副对子，见来人便是王羲之，不好意思地说："昨天不知王相公到来，言语失敬了，还请王相公原谅！"

王羲之回答说："师傅给学生讲的一番话，真是胜读十年书啊！您老就是我的师父，请受学生一拜。"

此后，王羲之格外虚心刻苦练习，把水饺老太讲的话当作座右铭，终于成为一代"书圣"。

周昉以众人为师

> 务学不如务求师。
>
> ——杨雄《法言·学行篇》

唐代著名大画家周防（字景玄），他能在画坛上有所长进和成功的秘诀，就如他自己所说的，在于虚心听取各方人士的意见，拜众人为师，取众人之长，补己之短。

有一天，都城长安的章敬寺前，人群熙攘，热闹非凡。大家围着一幅壁画的草图，评头品足，议论纷纷。有的赞扬它的妙处，有的指摘画中的不足。

人们都自顾看画，谁也没有注意到人群中有一人与众不同，他不看画，却在侧耳细听各种议论。这个人就是壁画草图的作者周昉。

当时，唐德宗命他画章敬寺的壁画，他接受任务后，苦苦琢磨，精心构思，有时甚至睡梦中还在念叨着如何作画。画好草图后，本可一气呵成，但他没有这样做。他想，轻率从事，草草求成，是决不能取得突出成就的。于是，他想了个巧妙的办法：揭去遮在画面上的帐幕，让众人批评指点。因章敬寺与长安的东门紧紧相连，是各界人士的出入要道，他这样做就是要广泛征求群众的意见。他听到这些意见后，认真修改，画稿越改越好。一个月之后，谁也挑不出毛病了，他才最后定稿。画成之后，观众赞不绝口，评为第一流的佳作。

周昉所以勤奋刻苦，善于吸取群众的智慧，关键是他有自知之明，视众人为师，拜众人为师，看到他人的长处，找到自己的不足。他始终如一地坚持这样做，他的艺术造诣越来越深，终于超过了当时驰名遐迩的绘画大师韩干。相传有这样一个故事：一次郭子仪的女婿赵纵请韩干为他画像，大家都说画得不错；后来又请周昉给画了一张。因为两位作者都是当时的名画师，郭子仪就把这两幅画都挂在了房间里，反复比较，分不出高下。正好赵纵的妻子回娘家省亲来了，郭子仪便指着画面问道："这上面画的是谁？"

"赵郎。"女儿回答道。

"哪一张最像？"郭子仪问道。

"两张都像，不过挂在后面那张更好，因为前面那张只画了赵郎的状貌，而后面那张进一步画出了赵郎的性情和谈笑的风度。"

郭子仪大喜道："今天总算分清二者的胜负了！"这后面的一幅，就是周昉所画。

王方庆甘拜部下为师

师道立则善人多。

——《海瑞集·赠陈元山任古田司训序》

王方庆曾任唐朝洛阳留守，他自幼攻读经史，功底颇深。当了镇守使后，他更觉得自己学问不够用，有"书到用时方恨少"之感。所以仍手不释卷地学习，夜以继日。他自幼年就非常喜欢《三礼》这部典籍，不过这部书古奥艰深，有的地方看不懂。他便虚心向周围的人请教。这部古籍读的人很少，有人介绍说："判官，徐坚西钻研过这部书，并且造诣很深。"他听了非常高兴，就去找徐坚西，请他给讲解。

徐坚西也是一个很了不起的学者，文章写得非常流畅。他起草的奏章，交到朝廷，当时的唐高宗李治都非常欣赏。曾向王方庆查问过，起草人是谁。

这次王方庆向他请教，他感到很意外。因为王方庆是自己的顶头上司，又是有名的学者。他想：是不是来探一下自己的功底？或者是要裁撤我，故意找岔子刁难，他有些心神不定。

王方庆看出他的心思，直陈来意，说："求学问，不在职位高低，也应像圣人孔子那样，以能者为师，学无常师吗！

你的学问比我高，我就应该向你来请教。我的职位高，在工作上你要服从我，在学问上你比我高，我当然要服从你啦！”一席话使徐坚西解除了顾虑。这样，王方庆像小学生一样天天亲自到徐坚西那里去请教。徐坚西也诚心诚意地接待他，给他认真讲解，为他解决一些疑难问题。有时两人在一起互相切磋，各持己见，终于把这本古奥艰深的《三礼》弄通了。王方庆虚心向部下求教的故事，后来传为佳话。

李相不耻下问

> 学莫便乎近其人。
>
> ——《荀子·劝学》

李相，唐代的大将。曾担任大居守(高级武官)。他博览群书，认真细读，勤学好问，学识日进，受到当朝和后世人们的赞扬。

李相最喜欢读《春秋》，无论公务怎样繁忙，他每日必读一卷，常年不懈。

读书时，李相误把《春秋》中鲁国大夫叔孙婼的“婼”字读成了“若”字。

有个小吏给在他旁边侍读。每当他把“婼”字读成“若”字时，小吏的脸上就不大自然起来。

时间一长，次数一多，李相便发现了这一情况，很觉奇怪，便问小吏：“你也常读《春秋》吗？”

“是的。”小吏恭恭敬敬地回道。

李相严肃地问：“为什么每当我读到叔孙婼时，你就表现出不以为然的样子呢？”

小吏见长官那么严肃，以为是责怪自己，连忙躬身跪倒，然后恭谨地回答：“小人过去曾蒙老师教过《春秋》，今日听相公把“婼”字读成了“若”字，方才明白过去照老师所说把“婼”读成了“绰”是大错了。”

李相听小吏说是老师读错，不由暗自生疑，便说：“恐怕不是你老师的错吧？我没拜过师，这个“婼”字是照本朝陆德明的《经典释文》中的释文注音读的，一定是我读错了，而不是你读错了。”说完，从书架上取出《经典释文》，让小吏看。

小吏一看，才明白李相把字注音的字形看错了，他委婉地说明正确的读音是“绰”而不是“若”。

李相听了，顿时脸色通红。觉得自己身为大官，日读《春秋》，多次读错字而不知，十分惭愧。于是，他走下座位，把太师椅放在北墙边，请小吏上坐。

小吏哪里敢坐，连说：“这是相公的宝座，小人岂敢越礼僭坐？”

李相把小吏按在坐椅上：“不许动，不然，我要生气了！”

小吏不敢拂逆，坐也不是，不坐也不是，局促不安，十分尴尬。

李相站在南面，整整衣冠，然后面

朝北，向坐在太师椅上的小吏躬身下拜。小吏又要离座，李相喊道："不要动！"小吏只好坐在椅子上接受他的大礼参拜。

行过礼后，李相诚恳地说："我身居高位，却常读错字，实在惭愧。从今以后，你就是我的'一字师'，我要再读错字，请你一定要给我指出来，千万不要客气啊！"小吏见李相身为大官，如此虚怀若谷，不耻下问，深受感动。

从此，小吏把自己从小跟名师学到的学识，教给李相，李相的学识大增。

吕祖谦以优者为师

> 学者必求师，从师不可不谨也。
>
> ——程颐

吕祖谦是南宋时期中原人，出身于官僚家庭。祖父吕好问曾做过尚书右丞，使他受到良好的家庭教育。他利用家中藏书颇多的优越条件，熟读历代经典著作。

但他很不满足。觉得世界上最深奥的事莫过于学问了。他决心以优者为师，不管走到哪里，听说谁的文章好，一定要见上一面。攀谈攀谈，把人家的优点学过来，补自己的短处。如当时出名的理学家朱熹，他是二程理学的四传弟子，是他的好朋友，他十分注重向朱熹学习请教。由于吕祖谦博采众长，以优者为师，学业成绩突出，考中了进士，以后又考上了博学宏词科，升任博士谦国史院编修。当时对在任官吏，每年都进行考核，一些心中没底的人，考前四处寻风摸底。唯有吕祖谦，不动声色，胸有成竹。结果每次考试，他都名列前茅。

吕祖谦虽身居要职，文章优秀，但他仍坚持以优者为师，经常与人切磋砥砺，如发现陆九渊这个后起之秀，便千方百计找他的文章来拜读。果然名不虚传，有独到之处，于是和他做了忘年交，经常在一起交谈，只恨相见甚晚。他认为陆九渊大有可为。果然在科举考试中，他的文章最好，主考官互相传阅，都赞不绝口。吕祖谦看完后，指出此文乃陆九渊所做，众人以为他太武断了。吕祖谦指出：应拆封检验。一验证，果然是陆九渊的文章，大家赞叹吕祖谦好眼力。吕说："他的文章我仔细琢磨过，了解他的风格、特色。怎么看不准呢？"

揭傒斯以父为师

> 教师是人类的灵魂工程师。
>
> ——斯大林

揭傒斯是元朝著名学者，是《辽

史》、《金史》、《宋史》的主要撰辑者。他去世时朝廷内外为之哀悼。他寿终正寝那天，正赶上外国使者来访。礼宾司原定那天要宴请外国使者。当听到揭傒斯去世时，立即取消了当天的宴会，为揭傒斯举哀。由此事可见揭傒斯是深受民众爱戴朝廷敬重的一位名人，也是德高望重的学者。

揭傒斯所以有这些成就，是与他青少年时代刻苦学习分不开的，也是他父亲教导的结果。他父亲学识渊博。可是考场发挥不好，连考几年也没考上。他父亲就把主要精力放在教育儿子身上了。可是这个老书呆子，整日里读书，真是读傻了。一点也不会管理家业，没几年工夫，就一贫如洗了。他又无半点官职，分毫收入没有。家庭生活十分困苦。可是，这些他全然不在乎，以教子为乐。像有人督促一样，每天准时给儿子上课。儿子也非常体谅父亲，主动帮父亲干活，恭恭敬敬的以父亲为师。父子关系极为融洽。父亲一字一句地教他。儿子字字句句一丝不苟地学习。白天父亲上完了课，晚上他自己认真复习。一学就是半夜。家穷生不起火，他只好盖上被子学习。年复一年，日复一日，揭傒斯不但掌握了父亲教的全部功课，而且还涉猎了古今中外的诸子百家图书，学问渐渐地超过了他的父亲。

揭傒斯入朝初曾任翰林院国史编修。在任期间，曾写成《功臣列传》一书。宰相李孟正阅读后，赞叹不已，升任他为应奉翰林文字，兼任原职。在奎章阁任职，负责教授公卿大臣们的子弟读书。他学问渊博，教书又非常耐心。因此学生们都很欢迎他。一次文宗到学馆视察，顺便向老师提些问题，回答最满意的就是揭傒斯。以后在文宗心中把他作为一把尺子。在录用官员时，总是以能否赶上揭傒斯为标准。

以后，顺帝即位，秦王伯颜当政，把揭傒斯升任为奎章阁供奉学士。还没等到位又晋升为翰林直学士。等到他开课时又升任为侍讲学士同知经筵事。以后根据他的职权，又封他为中奉大夫。当时典章制度规定官员升迁不得超过两级而他连升四级是绝无仅有的了。

张曜拜妻为师

> 子曰："当仁，不让于师。"
>
> ——《论语·卫灵公》

清代咸丰年间有个武官叫张曜，因苦战有功，被提拔为河南布政使。他自幼失学，没有文化，常受朝臣歧视，御使刘毓楠说他"目不识丁"，因此改任他为总兵。张曜从此立志要好好读书，使自己能文能武。张曜想到自己的妻子很有文化，回到家要求妻子教他念书。妻子说：要教是可以的，不过要有一个条件，就是要行拜师之礼，恭恭敬敬地学。张曜满口应承，马上穿起朝服，让妻子坐在孔子牌位前，对她行三拜九叩之礼。从此以后，凡公余时间，都由妻子教他读经史。每当妻子一摆老师的架子，他就躬身肃立听训，不敢稍有不敬。与此同时，他还请人刻了一方“目不识丁”的印章，经常佩在身上自警。几年之后，张曜终于成为一个很有学问的人。后来，他在山东做巡抚时，又有人参他“目不识丁”。他就上书请皇上面试。面试成绩使皇上和许多大臣都大为惊奇。张曜在山东任上，筑河堤，修道路，开厂局，精制造，做了不少利国利民之事。因为他勤奋好学，死后皇帝谥他为“勤果”。

吴老向服务员请教

至理一言，点凡成圣。

——《景德传灯录》

吴玉章，是中国无产阶级革命家、教育家。早年参加过孙中山领导的同盟会和辛亥革命，1925 年加入中国共产党，1927 年参加“八一”南昌起义。新中国成立后，他又担任过党和国家的重要领导职务。他是中国无产阶级革命的老前辈，大家都尊敬地称他“吴老”。

吴老为人谦虚谨慎，从不居功自傲。他喜欢听不同意见，不论在什么场合，也不论提意见的人职位高低，他都能虚心接受，并诚恳地向他人学习。

那年，专门收集革命回忆录的《红旗飘飘》编辑部准备将吴老在 1942 年写的一首诗——《和朱总司令游南泥湾》编入丛书中，吴老接到通知后，准备亲自抄写好再寄给编辑部。

这天，吴老拿出纸和笔，细心地抄写起来，其中有两句是描写当年八路军开垦南泥湾前当地的景象。诗中是这样写的：“纵横百余里，‘回乱’成荒地。”那打引号的“回乱”，是指清朝政府腐败，南泥湾一带回民不堪重负，揭竿而起。但是，起义不久就被清政府军残酷地镇压下去了，从此，南泥湾变得满目荒凉。吴老抄完诗句以后，忽然发现在自己身边工作的小服务员，看着诗句直搔头皮，似乎想说什么。吴老便亲切地询问小服务员：“小鬼，你想说什么呀？大胆地说，没关系。”小服务员思索了一下，有些胆怯地指着诗中“回乱”两字说：“‘回乱’成荒地，这样写不太妥帖，您虽然在这两个字上打了引号，但从字面上看，好像南泥湾的荒废是由于回民起义造成的。”

吴老听了以后，脸上露出欣喜的目光，拍着小服务员的肩膀说：“提得好，提得好啊！不妥，就是不妥！”接着又谦逊地问：“你再说说看，怎么改写好呢？”

小服务员一时也想不出怎么改写好，急得满脸通红。这时吴老又安慰小服务员说："不要急，我们再请其他同志来一块商量商量吧！"吴老又把在自己身边工作的其他同志都找来，大家凑在一起，你一言，我一语，终于想出了改写办法，把"回乱"改写成"剿回"，一字之改，就准确地揭示了南泥湾的荒废，是由于反动的清朝统治者对人民起义的镇压造成的。

这件事后，吴老感慨万分，经常指着小服务员对来访的客人说："这个小同志是我的一字之师啊！"

萧楚女以能者为师

一个好学生能够发现自己老师的错误，但是恭恭敬敬的保持沉默，因为正是这些错误对他有所裨益，使他走上大道。

——屠格涅夫

萧楚女是我党早期的著名理论家，担任过《新蜀报》主编，和恽代英一起，编辑过《中国青年》杂志。他以手中的笔为武器，冲锋陷阵，所向披靡。在黑暗的旧中国，他就像一支点燃的蜡烛，用自己的光辉，为在黑暗中摸索的人们照亮前进的道路。

可有谁知道，萧楚女这样一位鼎鼎大名的理论家，却几乎没上过学。

他出生在一个破产的木商家里，父亲早逝，家贫如洗。十二岁时，就不得不为生计到一家木行当学徒。虽不能在老师的教育下学习，但肖楚女并不自甘暴弃，能够以能者为师，向能者学。

十三岁那年，萧楚女背井离乡，在鄂、苏、皖、浙等沿海城市过流浪生活。在船上当杂工时，船上有位大师傅，读过一点古书，萧楚女就在业余时间向他求教。从《三字经》、《百家姓》开始，一个字一个字地学，最后能够流畅地背诵下来。为他以后的学习打下了基础。

在洛阳老家，他有幸遇到了塾师胡文叔，一有空，就登门拜问，请胡文叔讲书，细心听教，一丝不苟。因家穷买不起书，就向胡先生借书看，利用一切可利用的时间，昼夜研读，如期送还。这使他的知识水平有了很大的长进。

1910年，他在从镇江回武汉的轮船上，结识了一位进步青年郑希曾。郑希曾出身书香门第，文化水平较高，萧楚女就利用军训之余的时间，虚心向郑希曾学习，读了不少书，学到了很多知识。

1914年，郑希曾因支持一个以武装反对袁世凯的集团，事败被杀于汉口。萧楚女为失去了这位良师益友而悲痛欲绝。决心要发奋钻研，找到救国救民的道路，打倒军阀，报国仇，雪家恨。

萧楚女得到了开明的郑希曾的父

亲郑锡元老先生的大力支持，老人把寄托在亡儿身上的希望，寄托在儿子的挚友萧楚女身上，变卖了自己的部分家产，资助萧楚女读书。

为不辜负老人的殷切希望，萧楚女没有为个人谋求出路，找敲门砖，也不再去上正规学校。而是买了大量的书籍，寄寓郑家，在郑老先生的指教下，开始了新的学习生活。古今中外，天文地理，无所不读。重点研究社会，研究政治理论。为不负郑老先生的厚望和精心教育，他读书专心致志，如饥似渴，甚至有时废寝忘食。

有一次，他从乡下到武汉妹妹家作客，妹妹给他装上水烟袋，请他吸烟。他一边接过烟袋，一边专注地看书，根本不知道已接过了水烟袋，直到点烟的纸捻烧着他的手指头，他才知道。

后来，萧楚女在动荡的时代中，坚定地选择了革命道路。在革命活动中，他接触到了许多进步青年，始终坚持以能者为师，虚心学习。他看到恽代英写的和翻译的文章，很快改造了自己的思想，逐步成为一名坚定的无产阶级理论战士。

萧楚女以能者为师，向能者学，从不认字到识字，从不知道知识到知识的极大丰富，理论的先进深刻。不负众多能者的传教，不负郑老先生的资助和厚望。在同反动文人做斗争中，连那班反动派的文人也不得不赞叹萧楚女的文章“字夹风雷，声称金石”。他所写的《显微镜下之醒狮派》等著作，曾风靡全国，成为革命者和大多进步人士的必读书。这正是他学无常师，以能者为师，虚心向能者学习的结果，他为人们做出了风范。

郭沫若以演员为师

> 教师的人格就是教育工作者的一切，只有健康的心灵才有健康的行为。
>
> ——乌申斯基

郭沫若是当代伟大的无产阶级革命家，又是伟大的文学家、史学家和考古学家。他谦虚好学，甘拜普通小人物为师的故事广为流传。

《沫若文集》分卷发行后，他接到不少热情洋溢的来信。写信的有学者、作家，有认识的，也有不认识的，都对他的作品给予了很高的评价。郭沫若边读边说：“真是太过奖了！”

忽然，郭沫若同志对其中一封信仔细地阅读起来。原来，这是一封上海中学生的来信，信里对文集中个别字的使用提出了意见。郭沫若走到书架前，抽出自己的文集，翻到中学生指出的页码，读了读，点点头，自言自语地说：“嗯，小家伙提得好，提得对！”他脸上露出了满意的笑容，说：“后生可畏啊！”

他回到书案前，抽笔摊纸，立即给那位中学生写回信："你的批评意见大体上是中肯的，特别是对我的杂文有些可以删去的建议，我愿意接受。你如有工夫，在不影响你的功课和身体的情况下，请你把我的杂文或其他文字中不能满意的地方具体指摘出来寄给我。"信中还说，文集其他各卷出版时，将分送给这位中学生，请他读后再提意见。

郭沫若回信后，怕忘了送文集的事，又写了一个条，放在文集里，自言自语地说："这是大事，不能忘了。"

还有一次，郭沫若在台下观看自己创作的历史剧《屈原》的演出，演到第五幕第一场，他听到婵娟怒骂宋玉：

"宋玉，我特别的恨你，你辜负了先生的教训，你是没有骨气的文人！"

郭老听后，感到骂的还不够分量，就走到后台在找婵娟的扮演者商量。

"你看，在'没有骨气的'后面加上'无耻的'三个字，是不是分量会加重些？"郭老问演员。

正在化妆的一个演员，灵机一动地插了话："不如把'你是'改成'你这'，'你这没有骨气的文人！'这多够味，多么有力！"

郭沫若一想，真是太绝妙了。这一字之改，真把这句话讲活了，婵娟的愤懑之情溢于言表，他不禁拍手叫绝，连称："好！好！直率！"

这件事在郭沫若这位著名学问家的脑海里留下了深刻的印象，他还为此专写了一篇题为"一字之师"的文章，倾吐了他对这位演员的赞赏之情。

人民教育家陶行知

> 人冀子孙贤，而不敬其师，犹欲养身而反损其衣食也。
>
> ——王卓《今世说》

陶行知有一句名言："人生天地间，各自有禀赋。为一大事来，做一大事去。"他非常重视国民教育，认为"教育是共和国的保障"，因此，他把毕生精力都投入到"教育"这一大事中来。

早在办晓庄师范学校的时候，陶行知就提出了"生活即教育"、"社会即学校"和"教学做合一"等理论，教导师生们与劳动人民相结合，"教人民进步者，拜人民为老师"。

一位朋友的夫人来看陶行知，说起她的孩子把一块新买的金表拆坏了，她非常生气，狠狠地揍了孩子一顿。陶行知听了，连连摇头说："哎呀，你打掉了一个'爱迪生'。"接着，他讲了美国发明家爱迪生小时候喜欢做实验，被学校开除以后，在他母亲的引导下，逐渐成为发明家的故事。他又亲自到朋友家里，把那个小孩请出来，带他到修表店去看师傅修表。他们站在修表师傅身边，看着他把表拆开，把零件一个个浸在药水里，又看着他一个个装起来，再给机器加上油，用了一个多小时，花了一元六角钱修理费。陶行知深有感触地说："钟表店是学校，修表师傅是老师，一元六角钱是学费，在钟表店看一个多小时是上课，自己拆了装，装了拆是实践。做父母的与其让孩子挨打，还不如付出一点学费，花一点功夫，培养孩子好问、好动的兴趣。这样，'爱迪生'才不会被打跑、赶走。"

山海工学团刚成立的时候，农民的孩子有了读书的地方，烧香拜佛的红庙成了教室，可是没有孩子们用的桌椅。上课的时候，同学们带来自己的凳子，有大有小，高低不一。一星期以后，学校请来了木匠师傅，他闷着头做凳子，一天能做好几个。陶行知走过来，看见木匠师傅满身是汗，就递给他一杯水，说："我们不是请你来做凳子的。"木匠疑惑地望着陶行知："那叫我来做什么？"

"我们是请你来做'先生'的。"

"我可不识字。"木匠慌了。

陶行知笑着说："我是请你来指导学生做木工的。你如果教会一个人，就可得一份工钱。如果一个也没教会，那么就算你把凳子全做好了，还是一文工钱也得不到。"木匠显出为难的样子。陶行知亲切地说："不要紧，你不识字我们教你。我们不会做木工，拜你为先生。我第一个向你学。"说着，陶行知拿起一把锯，对准木板上划好的线就"吭哧""吭哧"地锯起来。

第二天，广场上摆着木匠工具，老师带着孩子们来学做凳子。有个小朋友嘟囔着："我们是来读书的，不是来做木匠的。"一个大人看见孩子拿起工具，不小心就很容易弄破手，也皱起眉直摇头。这时，陶行知笑着说："我有一首诗读给大家听听：'人生两个宝，双手与大脑。用脑不用手，快要被打倒。用手不用脑，饭也吃不饱。手脑都会用，才算是开天辟地的大好佬。'你们看写得如何？"小朋友都拍手说好，那个大人也不好意思地笑了。

从此，每天孩子们都学做凳子，他们也当"小先生"，教木匠师傅认字。3个月后的一天，教室里的50个孩子，都坐着自己做的凳子。讲台上还有孩子们自己制作的杠杆、滑车等玩具和仪器。家长们挤在窗口、门外，信服地点头叫好。陶行知在讲台前，念起了一首刚写好的诗："他是木匠，我是先生。先生学木匠，木匠学先生，哼哼哼，我哼成了先生木匠，哼哼哼，他哼成了木匠先生。"孩子们看看坐在他们身边一起听课的木匠，大家都笑了。

姚文采是陶行知的同乡，陶行知请他到晓庄学校教生物课。第一次上课，陶行知就让他先把书本摆到一边去，要"随时教育、随地教育、随人教育"。姚老师教了10多年生物课，从来没有不带书本去上课的时候，他弄不懂陶行知是什么意思。傍晚，他看见陶先生与两个叫花子在亲热地交谈。陶先生和那两个人谈完话，就叫学生领他们去洗澡，然后告诉姚文采："这是我从南京夫子庙请来的两位老师，来教大家捉蛇。晓庄附近有许多蛇，经常咬伤人，让蛇花子来教大家捉蛇，你看怎么样？"姚文采没说话。蛇花子开始为晓庄师生上生物课了，课堂就在山里。几天以后，最胆小的女孩子也敢捉蛇了，她们说："只要击中要害，蛇并没有什么可怕呀！"大家还懂得了蛇没有脚为什么跑得快，蛇没有耳朵怎么听得见声音，以及蛇是老鼠的克星等知识。姚老师终于理解了陶先生的用心。他带领学生采集标本；把挖草药的老农请来教认草药；请种花木的花匠来教种植花木的方法；请中国科学社的专家来教怎样辨别生物科别及定学名。晓庄附近的花草树木都挂起了学名牌，生物课从此上得生动活泼。

陶行知身为高等学府的教授、全国著名的教育家，却没有一点架子，时时注意拜普通的劳动人民为老师，他是我国千百万教师的楷模，更是知识分子最早和劳动人民相结合的先驱。

竺可桢向外孙女婿求教

> 教不时则伤世。
>
> ——《史记》

竺可桢是我国著名的气象学家、地理学家，是我国现代气象事业的创始人，他为我国近代气象学和地理学的创建和发展作出了卓越的贡献。竺可桢一生都在孜孜不倦地学习，直到晚年重病在身的时候，也从来没有停止过。

1974 年新年刚过，84 岁的竺可桢，躺在病床上，生命已经垂危，但他仍然不忘向别人求教，学习新知识，以便弥补自己知识的缺陷。

1 月 23 日这一天，是竺可桢逝世前的两个星期，照例有不少同事、亲戚、朋友和学生来探望他。由于前一天竺老咳嗽了一整天，身体非常虚弱，老伴便把所有来探望的人都挡在了卧室外边。

竺老一个人静静地躺在床上，忽然听见外边有自己外孙女婿的说话声，他便迫不及待地喊叫，要让外孙女婿马上进来。

竺老的外孙女婿是中国科学院高能物理研究所的研究人员。竺老对自己缺乏"基本粒子"知识一直感到十分遗憾。因此，尽管自己重病在身，他还是多次向这位晚辈求教，请外孙女婿为自己"补课"。

今天，外孙女婿来了，竺老当然不能放弃这个求学的机会。

竺老看到破例允许进屋的外孙女婿，脸上立刻露出了笑容，他强作精神，艰难地坐到书桌旁边。老伴看他身体太虚弱了，非常担心，就劝他今天不要学了。

竺老执意不肯，他一个字一个字地说："不成！我知道得太少了。"

外孙女婿被竺老执著求学的精神深深地打动了，他俯下身子，开始耐心地给竺老"补课"。

由于疾病，竺老的听觉受到严重的损伤，有时戴着助听器也听不清，他只好让外孙女婿把要讲的话写在纸上。

就这样，外孙女婿给竺老介绍了国内外关于基本粒子的研究近况，也介绍了杨振宁的"规范场"理论取得的新进展。

听了这堂"课"，竺老心里就像吃了舒心丸那样舒坦，他满意地笑了，憔悴的脸上，泛起了红晕。

当他回到床上时，已经十分疲倦了。但是，他还紧紧握着外孙女婿的手，很吃力地说："谢谢你，这一课你讲得太好了，下次来还要再给我补课。"

赵光祖拜犯人为师

话当世，莫若口；传来世，莫若书。

——韩愈

赵光祖(1482—1519)是朝鲜李朝前半期的哲学家、政治家。汉城人。他祖辈几乎都是身居高位的饱学之士。在家庭的影响下，他自小便知书达理，喜欢学习。

17岁时，赵光祖随父亲从汉城移居到鱼川(现在的平安北道宁边)。凑巧，当时的朝鲜名儒、大学问家金宏弼，因受柳子光等守旧大臣的诬陷，于1498年作为犯人被流放到鱼川。

获悉闻名全国的大学问家金宏弼沦落到鱼川的消息，赵光祖一方面对他的不幸遭遇充满同情，一方面也为金宏弼来到自己所在的鱼川感到高兴。他决定立即前去探望金宏弼并拜他为师，向他学习儒家经典。

赵光祖当时已是个颇有名气的青年学者了，他的聪明才智和学术造诣，都使他的学友们十分钦佩。但他现在还要去拜一个流放犯人为师，学友们都感到十分不解。有的学友对他说："你的学问已经不小了，为什么还去拜个犯人为师呢？"

赵光祖听后不以为然，对学友们说："我觉得，我的学问有许多地方是不如他的。为什么不能拜他为师呢？"学友的劝说，并没有动摇赵光祖的决心。

赵光祖自拜金宏弼为师之后，虚心向老师学习，对老师十分尊敬，师生很快便建立了深厚的感情。

赵光祖23岁时，金宏弼被赐死。赵光祖立志替老师从事培育后代的工作。25岁时，赵光祖已成为名震全国的大学问家、大教育家，远近学子来找他求学的很多很多。

莫里哀虚心向女仆请教

德以修己，教以导人。

——《新唐书》

莫里哀，是17世纪法国杰出的喜剧作家，也是著名的戏剧导演。莫里哀一生共创作了37部喜剧，其中不少作品是以抨击宫廷中的奢侈糜烂生活方式和吝啬、自私、伪善的人际关系为主题的。

莫里哀出生于一个宫廷裱糊匠家庭，这使他从小就目睹了宫廷中达官显贵腐化堕落的生活与广大劳动人民的贫苦生活之间的鲜明反差，因此形成了他对宫廷的腐败疾恶如仇，对劳苦大众无限同情的性格。即使到了中年，他到宫廷里做了官，享受了高官厚禄，但仍保持了这种性格，没有忘记平民百姓，还继续以戏剧的形式，抨击贵族花天酒地的奢侈生活，为下层贫民鸣不平。他始终是一位人民的剧作家。

莫里哀的为人和品德，从他对自己女仆的尊重中，可以充分地表现出来。

莫里哀家里有一个女仆，性格开朗，质朴淳厚。在莫里哀的影响下，女仆对戏剧艺术也有了很高的鉴赏能力。莫里哀每当完成一部新的剧本，总喜欢首先念给这位女仆听，征求她的意见。莫里哀发现，这位女仆对剧本的反应往往和剧场观众的反应是一致的。有的剧作，莫里哀自以为写得不错，而读给女仆听时，她却无动于衷。这样的剧本上演后，演出的效果往往不是很好。因此，他养成了根据女仆的反应来决定剧本是否可以上演的习惯。

有一次，莫里哀有意想试探一下女仆的辨别和欣赏能力，他把一个别人写的剧本念给她听，女仆没等他念完，就不耐烦地说："这……这……这哪像是莫里哀的作品。"莫里哀听后，爽朗地大笑起来。

从此，莫里哀更加信任这位女仆，经常按照她的意见，重新修改剧本，直到她感到满意为止。

也正是由于莫里哀能虚心向女仆请教，并始终不忘劳苦大众，才形成了他的作品能够切中时弊，并反映民意的创作风格，写出了许多流芳百世的优秀剧本。

老学生和少老师

想认识世界，勤问老师。

——《布算兰》

伊能忠敬是日本19世纪著名的天文学家和地理学家，但他拜师学习天文学和数学却是在50岁时才开始的，他所求教的老师——高桥至时比他年轻18岁。这对老学生和少老师对日本的天文学和地理学作出了卓越的贡献，受到日本人民世世代代的颂扬。

伊能忠敬，诞生在日本千叶县东海岸的一个小村子，他从小就酷爱学习，但由于家境贫寒，没有拜师求学的机会和条件，小小年纪就给人家做奴仆，后来又流落他乡。在外乡流浪期间，他当过学徒，打过短工，做过和尚，受尽了磨难，但拜师求学的愿望始终没有泯灭。

在伊能忠敬18岁那年，一个有钱人家因看他忠诚老实，精明能干，就把女儿嫁给了他，让他支撑门户，治理家务。繁忙琐碎的家务占去了他大量的学习时间，他为此十分苦恼。他49岁那年，妻子病逝了。50岁时，伊能忠敬认为自己可以实现外出求学的愿望了，于是，他把家业交给儿子管理，就独自一人到东京都求学去了。

伊能忠敬到东京都后，刻苦地学习天文和数学，不久，学业上就有了很大的长进。当时，在东京都有一位32岁的年青学者，叫高桥至时，他已经是日本大阪田学派著名的天文学家。当伊能忠敬了解到高桥至时的情况后，就一心想拜这个比自己小18岁的学者为老师。他诚恳地向高桥至时提出拜师求学的愿望，而高桥至时也被他强烈的求学精神感动了，答应收他为弟子。

从此以后，伊能忠敬在高桥至时门下，日以继夜地刻苦学习。由于他的勤奋好学，高桥至时决定将自己的全部才学都传授给这个比自己大十多岁的学生。

就这样，从1800年到1817年，伊能忠敬在跟随高桥至时学习的过程中，与老师走遍了日本的山山水水，精确地绘制出了日本第一套最完整、最准确的地图——《大日本沿海舆地全图》，共计200多张。伊能忠敬终于成为日本著名的天文学家和地理学家。

当伊能忠敬70岁那年，他的老师高桥至时不幸病故了。74岁那年，他自己也病重在床。临终前，他对朋友和家人说："我所以能够完成全日本的测量事业，完全出于先师高桥至时的赐教。我死后，你们一定要将我葬在先生的墓旁，以谢恩师。"伊能忠敬死后，家人执行了他的遗嘱。

后人在纪念这两位著名学者时，不仅缅怀他们对科学的卓越贡献，而且赞扬他们之间真挚的师生情谊。

希尔伯特的良师益友

善之本在教，教之本在师。

——《广潜书》

大卫·希尔伯特是现代伟大的数

学家，1862年，诞生在德国一个法官家庭。小时候由于受到母亲的熏陶，对科学萌发了浓厚的兴趣。上中学时，他学习刻苦努力，门门课程都是“优等”，尤其是对数学表现出极强烈的兴趣，得到了当时的最高分“超等”。

1880年，希尔伯特考进了著名的哥尼斯堡大学。在大学里，他丝毫没有松懈顽强拼搏的斗志，把全部精力都放在数学的学习上。希尔伯特学习数学知识，不仅仅是从课堂上、书本中获取，还广泛结识朋友，从朋友和不同学派的数学家那里获取。

在上大学期间，希尔伯特有个邻居叫闵可夫斯基，他比希尔伯特小两岁，也是个胸怀大志，对数学有精深研究的青年，18岁时就和著名的英国数学家共获巴黎科学院的数学科学大奖。而闵可夫斯基的青年老师赫维茨，年纪不到25岁，就担任了哥尼斯堡大学的副教授，并在数学研究中卓有成就。三个年轻人家庭背景不同，个性在许多方面也极不相同，但是，对数学的共同爱好使他们的心灵得以相通。希尔伯特与他们结下了深厚的友谊。

三个青年人，每天下午“准五点”必定去学校苹果园相会。他们一边散步，一边热烈地争论着数学王国的一个又一个问题。这种最为独特、超然的学习方式，对于求知欲特别强烈的希尔伯特来讲，真是求之不得的极好学习机会。由于赫维茨有广泛坚实的基础知识，又很善于归纳整理，每次与他讨论数学问题，希尔伯特都感到受益匪浅。正如希尔伯特在回忆大学这段生活时所说：“在日复一日的散步中，我们全都埋头于讨论当前数学的实际问题；相互交换我们对问题新近获得的理解，交流彼此的想法和研究计划。就这样，我们之间结成了终身的友谊。闵可夫斯基、赫维茨是我的良师益友。”

为了开阔自己的视野，大学以后，希尔伯特还继续求学于当时的知名数学家，他几乎所有时间都用在为讨论数学而进行的拜访和听课上。由于希尔伯特在学习数学的各个分支时打下了良好的基础，才使得他能够从已有的成就中再度闯入新的领域，而且很快又取得了新的成就。也正是由于希尔伯特具有渊博的知识，又能博采众长，才能在1900年国际数学会上提出对20世纪数学发展产生巨大影响的23个问题，为青年一代数学家指明了研究方向，对数学学科发展作出了卓越的贡献。

以礼待师

YI LI DAI SHI

纪昌学射于飞卫

教师不仅是知识的传播者，而且是模范。

——（美国）布鲁纳

据《列子·汤问》记载，纪昌是古代传说中的善射者。他曾拜飞卫为师。

纪昌开始向飞卫学射箭的时候，很不得要领，急于求成。飞卫对他说：“你要先学会看东西不眨眼。”纪昌回家以后，按照老师的要求坚持练习。一天，他看见妻子织布时，织布机的两只脚踏板一上一下地活动，看着它不觉直眨眼。他觉得这是练习眼力的好机会，于是，便每天坚持仰卧在织布机下，睁大眼睛死死盯着那两块上下活动的踏板。如此坚持练习，达两年之久，直到妻子用锥子尖在他的眼眶边晃动，他的眼睛也不眨一眨时为止。

练到了这一步，纪昌便去告诉他的老师。飞卫却说：“还不行。你必须学会看才能学会射。当你学会视小如大、视微如著的时候，再来告诉我。”

纪昌遵照老师的教导，又回到家里，抓了一只虱子，用一根牛尾巴上的毛系住它，挂在窗户上。每天，纪昌目不转睛地对着它看。坚持十几天之后，他觉得虱子渐渐大起来；三年之后，小小的虱子在纪昌看来，竟然感到有车轮那样大了。再看其他的物件，仿佛是小山一样。纪昌一高兴，随手拿起一副强弓，搭上一支利箭，瞄准悬在窗户上的虱子一箭射去，箭头正好射中了虱子的正中，而那根牛毛却没有断。

纪昌再去见飞卫，讲了自己练习眼力的进展情况。老师一听，高兴得哈哈大笑说：“你已经学会射箭了！”

纪昌学到飞卫的本领，自以为除了飞卫之外，已经天下无敌了。因此，便起了嫉妒老师的念头。一次，他同老师郊外相遇，便搭弓引箭向飞卫射去。只见飞卫也拉开弓，射出一箭，这只箭正好和纪昌射出的箭在中途相遇，两支箭都撞落在地上。一连数箭都是如此。最后，老师的箭已用光了，纪昌还剩有一支箭。纪昌暗喜，将这支箭向对方射去，只见老师不慌不忙，用随身所佩带的戟向飞来的箭挡去，戟尖与箭头相遇撞，不偏不倚。

纪昌这时才知道老师毕竟比自己高超一招，于是幡然悔悟，拜倒在地。两个人都把弓扔在一旁，抱头痛哭，然后按照纪昌的要求，划破臂膀，滴血为盟，结成父子。

曾子避席

> 善之本在教，教之本在师。
>
> ——李觏《广潜书》

“曾子避席”出自《孝经》，是一个非常著名的故事。曾子是孔子的弟子，有一次他在孔子身边侍坐，孔子就问他：“以前的圣贤之王有至高无上的德行，精要奥妙的理论，用来教导天下之人，人们就能和睦相处，君王和臣下之间也没有不满，你知道它们是什么吗？”曾子听了，明白老师孔子是要指点他最深刻的道理，于是立刻从坐着的席子上站起来，走到席子外面，恭恭敬敬地回答道：“我不够聪明，哪里能知道，还请老师把这些道理教给我。”

在这里，“避席”是一种非常礼貌的行为，当曾子听到老师要向他传授时，他站起身来，走到席子外向老师请教，是为了表示他对老师的尊重。曾子懂礼貌的故事被后人传诵，很多人都向他学习。

燕昭王拜“死千里马”为师

> 疾学在于尊师。
>
> ——《吕氏春秋·劝学》

燕昭王（？—公元前 279 年），名职，燕王哙的庶子，原流亡在韩，公元前 331 年即位，在位 33 年。

燕昭王是在燕国被齐国攻破后即位的。国破后，燕昭王时常往来于废墟之间，悼念战争中死去的勇士，慰问没有父母的孤儿。他自叹能力有限，希望礼聘有才能的人重振国威。

一次，燕昭王对大臣郭隗说：“齐国借内乱攻破了我燕国。我深知燕国国小力弱，没有能力复仇。希望能得到天下的贤士，洗国耻，振国威。希望先生能助一臂之力！”

郭隗说：“大王，我听说过这么一个故事：古时候，有个国王，派近臣带千金去寻千里马。这人找到一匹死千里马，便用五百金把马头买了回来。国君大怒，要治罪。近臣跪拜说：‘如果天下人知道死千里马您尚且肯买，那么活千里马就会接踵而来。'不满一年，他就得到了三匹千里马。现在大王一定想招贤纳士，就请大王把我当成一匹死千里马吧！"

昭王离座拜道："先生的话，真乃有理。我就此拜先生为师，敬望多多教诲！"

昭王拜郭隗为师后，专门为郭隗改建了房室，对他恭敬有礼。

天下人都说："燕昭王为人谦逊，能礼贤下士。"于是，有才能的人纷纷来到燕国。乐毅从魏国而来，剧辛自赵国而来，燕王均封为大臣，并命乐毅为亚卿。

燕昭王 28 年（前 284 年），派将军乐毅攻打齐国，占领 70 多座城市。此时为燕国鼎盛时期。

秦始皇敬重恩师

> 国将兴，心贵师而重傅。
>
> ——《荀子·大略》

秦始皇，名嬴政，战国时期秦国的国君，公元前 221 年，他打败了称雄的其余六国，建立了中国历史上第一个统一的中央集权的封建国家。

公元前 215 年的一个秋天，秦始皇乘着车，在文武百官的护卫下，浩浩荡荡地从碣石向东北进发，这是他实现统一大业后的第四次出巡。

随着细碎的马蹄声，秦始皇沉浸在思索中。他想起了自己的幼年的老师，令人难忘。那位严厉的老人，第一次讲课讲的就是舜赐给嬴家的姓。老师先讲亡、口、月、女、凡，然后再合成一个字，这便是"嬴"字。第二天就要学生背，要写下来。

"老师，太难了。"他随口说出。

"什么？一个'嬴'字就太难了？将来秦国要靠你去治理，能见难而不进吗？"老师举起荆条棍。后来，这位可敬的严师去世了。……

突然，车马停下了。前卫官来到秦始皇车前奏道："仙岛不远了，请万岁乘马前行。"

于是，秦始皇又改乘有金佩饰的白马，行不多时便来到岛上。他环视渤海，豪情满怀。他低头看着马前，忽然下了马，撩衣跪拜。

随行文武百官不知是怎么回事，也只好跟着参拜。

等秦始皇起来，李斯才问为何参拜？

秦始皇深情地说："众位爱卿，此岛所生荆条，正是朕在邯郸时老师所用的荆条，见了这荆条，如见恩师，焉能不拜？"

众人无不赞佩。后人把这个岛改称为秦皇岛。

魏照学师

学之经，莫速乎好其人，隆礼次之。

——《荀子·劝学》

东汉末年，有一位著名文人叫郭泰。他不仅博通古籍，学问精深，治学严谨，而且为人忠厚、正直、谦和。一时间，名震京师。许多读书的人，都求拜他做老师。

慕名而来的一般学生，平时只是来听听老师读经、讲经而已。有个叫魏照的少年，却把行李搬来，整天和郭泰老师吃住在一起。他不但用心听老师讲经书，还时时处处注意学习老师的言谈举止和为人治学的品质。每天清晨，魏照早早起来，洒扫庭院，清理房舍，点火做饭，热心地为老师端水送餐，细心地照料老师的衣、食、住、行。老师对这个学生的言行看在眼里，记在心上。于是，问他："魏照啊，别人认我为老师，不过是让我为他们讲讲经书，学学知识，我一讲完课，他们就四散而去，各自回家了。只有你和他们不一样，每天还早早晚晚陪伴着我，这是为什么呢？"魏照非常诚恳地回答道："当今，专门找一位传授知识的老师是比较容易做到的；但是，要找一位能教育自己怎样立志做人的老师却是很难的。我所以天天和你在一起，是要处处观察和效仿你的言谈举止，学习你待人接物所体现的品格。这就像一束洁白的蚕丝，挨着鲜红的染料，就会被渐渐染红一样。"一席话，使老师很受感动。

郭泰通过观察了解，觉得魏照确实是一位最有希望、最虚心好学的学生。平时，他便耐心地言传身教，把自己全部知识和立志做人的信条，毫不保留地教给他。由于魏照本人的刻苦、勤奋、好学、上进，很快使他成为一个学识渊博、有骨气、有志向的人。

程门立雪

学贵得师，亦贵得友。

——唐甄《潜书·讲学》

"程门立雪"语出《宋史·杨时传》："见程颐于洛，时盖年四十矣。一日见颐，颐偶瞑坐，时与游酢侍立不去。颐既觉，则门外雪深一尺矣。"

程颢（1032—1085）、程颐（1033—1107）兄弟俩都是北宋哲学家、教育家。洛阳（今属河南）人。颢、颐二人孩童时代曾读书求学于外祖母家——孝感董湖西北隅（今孝南闵集乡一带）。《孝感县志》云："程子读书台，在县东五里，宋庆历年间，二程读书于此。"程子读书台又名"凤凰台"，因相传在晋穆帝永和四年(348),有凤集于东岗,产九子于其上而得名。程颢,字伯淳,学者称明道先生,嘉祐进士。反对王安石新政。神宗时为太子中允监察御史里行。曾与弟学于周敦颐,同为北宋理学的奠基者,世称"二程"。在洛阳讲学十余年。倡导"传心"说,承认"天地万物之理,无独必有对"。他和弟颐的学说后来为朱熹所继承和发展,世称程朱学派。著作有《定性书》、《识仁篇》等。程颐,字正叔,学者称伊川先生。曾任秘书省校书郎,官至崇政殿说书。反对王安石新政。先后讲学达三十余年。宣扬"气禀"说。主张在"去人欲,存天理",认为寡妇再嫁是大逆不道。极力为名教纲常辩护。著作有《易传》、《颜子所好何学论》等。

杨时(1053—1135),北宋学者。字中立。南剑州将乐(今属福建)人。熙宁进士。曾任右谏议大夫、工部侍郎。官至龙图阁直学士。晚年隐居龟山,时称龟山先生。先后学于程颢、程颐。同游酢、吕大临、谢良佐并称程门四大弟子。又与罗从彦、李桐并称为"南剑三先生在"。著作有《二程粹言》、《龟山集》。

进士杨时,为了继续丰富自己的学问,毅然而然地放弃了高官厚禄,独自一人跑到河南颍昌拜程颢为师,投在程颢门下虚心求教。后来程颢死,他自己也只有四十多岁,但仍然立志求学,刻苦钻研,又跑到洛阳去拜程颢的弟弟程颐为师。

有一天,杨时和他的朋友游酢一块儿到程家去拜见程颐,当时正遇上了程老先生闭目养神。这时候,外面开始下起大雪。他们俩人为了不打扰先生休息,便恭恭敬敬地侍立在门外等候,不言不动,如此等了大半天,程颐这才慢慢睁开眼睛,见杨时和游酢仍然站在门外等候,大吃一惊,问道:"你俩还在这里没走?"这时候,门外的雪已经积了一尺多厚,而杨时和游酢并没有一丝疲倦和不耐烦的神情。这种精神让程颐很受感动,于是,便收他俩为入室弟子,悉心传授,杨时和游酢果然不负所望,后来,各自成为一代理学大师。

晁错帮伏生编修《尚书》

> 为别人照亮道路,自己必须放出光芒——这就是人的最大幸福。
>
> ——(前苏联)捷尔任斯基

《尚书》也称《书》或《书经》,是儒家经典之一,相传由孔子编选而成,在秦代被焚毁了。

汉文帝在位时,要重新整理编修《尚书》,但是,朝廷中却没有一个人能够担此重任。

一天,有一个朝臣对汉文帝说,有

个叫伏生的老人能够编修《尚书》，此人已将《尚书》的全文装在了脑子里。汉文帝一听，非常高兴，立即派人召伏生进京。

伏生已是90多岁的老人了，行走十分困难，不可能应召进京。汉文帝想，要想整理像《尚书》这样的古籍，必须依靠伏生这样有学问的老人。现在伏生太老了，行动不便，我何不派人亲自登门求教呢？这样难得的人才，理应得到尊重和照顾才对呀！于是，汉文帝指派晁错，带了大量的财物，前往伏生处拜师求教。

晁错一行人马到达时，伏生正在馆内讲学，忽然听到外面车声隆隆，人欢马叫，不知出了什么事情。出门一看，见是朝廷派人来了，急忙下跪叩拜。晁错见状，马上前去搀扶，并向伏生施礼道："学生叩拜老师！学生是专程来向先生请教的。"

伏生不由得一愣，心想："朝廷派来的官员为什么自称学生，还带这么多礼物呢？"晁错立刻将汉文帝派自己来求教，并帮助先生编修《尚书》之事，向伏生讲明了。伏生闻之，欣喜不已。编修《尚书》是他多年的愿望，但是自己体力和财力有限，很难实现这一宿愿。今天，汉文帝如此敬重自己，真是一个贤明的君主啊！他当下答应口授《尚书》。

说干就干，晁错不顾旅途的劳累，立刻拿出笔和纸，请伏生开始口授。

伏生毕竟年事已高，牙齿脱落，说起话来口齿不清，十分费劲，而晁错听得也很困难，伏生很是着急。这时，晁错不仅不抱怨老先生，反而亲自给伏生端来茶水，又给先生搬来一把舒适的椅子，并安慰先生说："您别着急，慢慢地一字一句地讲，我仔细地听，时间长了，习惯了，就能听懂了。"

师生二人，就这样一个讲，一个记，不辞辛苦地工作着，直到把《尚书》编修完成，为后人保留下了这部儒家的经典之作。

"三袁"宴请老师

> 只有一门学科是必须要教给孩子的，这门学科就是做人的天职。……我宁愿把有这种知识的老师称为导师而不称为教师，因为问题不在于要他拿什么东西去教孩子，而是要他指导孩子怎样做人。
>
> ——（法国）卢梭

袁宗道、袁宏道、袁中道三兄弟，湖广公安（今属湖北）人，都是明朝有名的大文学家，史称"三袁"。

明朝万历年间，袁家三兄弟同时考取了进士，这一喜讯在家乡引起了极大的轰动。袁家准备设宴款待家乡父老。按照规矩和常礼，三位进士的老师都应邀请出席宴会，并要奉为上宾，坐在首席位置。

有一位名叫刘福锦的教书先生，是老三袁中道的启蒙老师，但是中道在他那里读书的时间很短，很快就转到其他地方学习去了。因此，袁家对他的印象不深。这次宴会发请帖，又是老大袁宗道操办的，因而把三弟的这位老师给漏掉了。

刘福锦见袁家宴请家乡父老没有给自己发请帖，心里十分恼火，再加上有些乡亲又借机挖苦他，更使他不能容忍，便在一张白纸上写了一句话“高塔入云有一层”，签上自己的大名，派他的一名学生送给袁中道。中道打开一看，恍然大悟，拍着脑门连说：“失敬了，失敬了。”然后，急忙找两位哥哥商量。

袁家三兄弟最后决定，再专门宴请刘福锦先生一次，并重新邀请所有的师长族尊作陪。

兄弟三人立刻写好请帖，老三袁中道还特意把刘先生送的一句话对成一首诗，写在了帖子上：“高塔入云有一层，孔明不能自通神。一日为师终生父，谨请先生谅晚生。”以此表示自己对先生的歉意。

宴会那天一大早，袁中道特意抬着轿子去刘福锦先生家接他。不料，刘先生生性固执，还在生袁家三兄弟的气，硬是不肯上轿。老大、老二在家里左等右等，就是不见三弟把刘先生请来，心里十分焦急。于是，哥俩赶忙步行到刘先生家。兄弟三人一齐施礼，向刘先生道歉，恭请先生上轿。三兄弟的真情实意终于感动了刘福锦先生，他扶起了三兄弟，上轿前往袁家赴宴了。

酒席间，三兄弟频频向刘福锦先生举杯致歉，并感谢他对中道的教育之恩。这时，刘先生早已把先前的不愉快之事丢到了九霄云外，宴会的气氛极为融洽。

柳敬亭谨遵师言

> 因为道德是做人的根本。根本一坏，纵然使你有一些学问和本领，也无甚用处。
>
> ——陶行知

柳敬亭，是明末清初的大名鼎鼎的说书艺人。他原来叫曹逢春，家住江苏泰州曹家庄。

由于他好打抱不平，得罪了地方上的恶势力，流浪到外乡，有一天，他睡在一棵大柳树下，醒来后抓着拂在身上的垂柳枝条，联想到自己的不幸遭遇，就改为柳姓了。接着，他默然地背诵起南齐谢朓咏敬亭山的诗，觉得“敬亭”二字可取，便以“敬亭”为名了。

一次，柳敬亭流浪在江南水乡的一个小镇上，看到茶馆酒楼上经常有人说书，便经常去听书，听了后便记在心里，加上自己从小读了不少历史小说，听了不少民间故事，所以也想靠说书来维持生活。

由于不知道说书的方法和技巧，也找不到合适的老师可以求教，他只能自己摸索着瞎练一通，效果很不理想，为此也很苦恼。后来，他在旅途中听到一位高明的艺人说书，听后佩服得五体投地。这位艺人叫莫后光，他诚恳地要求拜他为师。莫后光看到这个青年诚实可爱，说书也有较好的基础，就把自己的经验传授给他。

莫后光把说书艺术的基本原理和方法讲给他听，告诉他："说书虽然是一种小技艺，也同学习其他技艺一样要下苦工夫。首先要熟悉各阶层的生活和各地的方言、风俗、习惯，然后把观察和搜集到的材料，经过反复分析，找清它们的因果关系、发展过程。还要学会对掌握的材料加以剪裁取舍，能够把有用的材料组织得恰到好处。"

柳敬亭听了老师的教导后，深深地记在心头。他白天到处游街串巷，仔细地观察社会上各种现象，对方言俚语特别注意。晚上回家以后，闭上眼睛细细琢磨白天看到的事情，并把它加工、提炼、融化到历史故事中去，并认真地记在纸上。

他这样学习了几个月后，便去找老师指点。老师让他说了一段书，对他说："现在你虽然能讲出故事，但还没能引人入胜。重要的是时时刻刻要想到怎样把故事说得好，说得动听。有时，故事中的情节要从从容容直叙，一路走来，直达胜境；有时，要简洁明快，开门见山，一目了然；有时要增加一些伏笔或悬念，让听众总想听个究竟，舍不得离去。总起来，在故事的轻重缓急之间，安排的贴切妥当，件件事交代要有头有尾，扣人心弦。"

他听了以后，继续苦心钻研。他经常深入到人们中去，和各种人交朋友。在交往中，他发现，有许多上了年纪的人说起话来很吸引人，而声音又随故事情节的跌宕起伏而抑扬顿挫，感染力很强，尤其是说话时那种胸有成竹的神态，很值得学习。他每天都细心观察、模仿。又过了几个月，他又去请教老师。

老师听了他说的一段书后，说："你现在进步已经不小了，听的人能聚精会神，但还要精益求精。说书的人要和故事中的人物打成一片，这样才能在动作、语言、神态上无不惟妙惟肖，活灵活现，使自己成了故事中的人物，才能吸引听众进入故事所表现的境界，连他们也忘了自己，忘了是在听书。这才是说书艺术最理想的境界。"

柳敬亭听了老师这番话，信心更足了，学习也更刻苦了。于是他进一步深入生活，熟悉人们的感情、爱好。他还常常说书给人们听，让大家评论，晚上再重新练习一遍，把大家的意见尽量采纳进去。

这样又过了几个月，他又去找老师。这次听了他说的书后，老师高兴得连翘大拇指说："你现在已学到家了。还没张口，你已制造了故事中的气氛，等说起来时，听众的情绪就能够不由自主地跟着故事中的人物共鸣起来了。”老师拍着他的肩膀说：“你进步真快啊！真快啊！”

柳敬亭在名师的指点下，经过自己的刻苦研究，努力学习，终于成为一名有名的说书艺人。他走遍了大江南北，到处受到人们的热烈欢迎。

康熙虔诚跪师

> 教育工作中的百分之一的废品，就会使国家遭受严重的损失。
>
> ——马卡连柯

康熙帝玄烨是顺治帝福临的第三子。在位61年，对巩固清朝统治起了很大作用，出现了“康乾盛世”。

康熙帝很有才华，是与他受到良好教育分不开的。顺治非常注意对康熙的教育，精心为他选派老师。一天上朝福临提出一个问题：“龙的耳朵小，象的耳朵大，出于何典？”掌管御书楼的彭尔述奏道：“此典出于《古藏经》十三篇。”福临命人查对，果然如此。于是决定请彭尔述为太子的老师。彭尔述被请到后宫见了太后，彭尔述说：“臣才疏学浅，不胜此任。”但圣命难违，就这样当了太子玄烨的老师。

康熙很聪明，也很好玩。过了一段时间就学腻了，一会儿去捕蝴蝶，一会儿捉蜻蜓，一会儿又和其他弟兄去捉迷藏……完不成老师布置的作业。彭尔述管教几次，收效不大。彭尔述想：这样下去将一事无成，决心严加管教，令其跪读。

正好这时太后从书房前路过，看到室内无人，细看康熙挨罚，在圣人像前跪读。顿时产生怜爱之心，令其站起，并说道：“读书亦为君，不读书亦为君。”彭尔述当仁不让，接着说：“读书为明君，不读书为昏君。”太后一怔，又令其跪读。

晚上传旨令彭尔述到后宫。彭尔述想，顶撞了太后，即为不尊不敬，肯定要受处罚。于是告诉家人做好思想准备：“我如不按时归来，即遇难。”并安慰家人说：“这不算什么？大不了人头落地。”

到了后宫，太后亲自到门外迎接，并赐坐献茶。太后说：“万岁爷让我向你道歉！今日设便宴作为答谢！”彭尔述很感动，对福临的尊师重道铭刻在心，以后更加精心地教育康熙，终于使他成为一代明君。

雍正帝扣银罚轻师

我确实相信：在我们的教育中，往往只是为着实用和实际的目的，过分强调单纯智育的态度，已经直接导致对伦理教育的损害。

——爱因斯坦

雍正帝即清世宗，名爱新觉罗·胤禛(1678—1735)，雍正是他的年号。

雍正年间，有一个驻京学使，他喜欢在同僚中吹嘘自己为人正直，为官清廉。

有一天，一位早年的先生来求见他。他看了看老师那衣衫褴褛的样子，就猜透了八九分。于是说道："恩师光临寒舍，学生三生有幸；有失远迎，万望恕罪。不知身体可佳？精神可好？专程前往，又有何见教？"寒暄了一阵，才让座。先生看了看满屋生辉的装饰和学生那不冷不热的样子，哪里还坐！便开门见山地说："身体精神均佳，只是生活拮据……"

学使不等先生说完就说："多年来，弟子牢记先生'为官清廉'之教诲，不敢苟私。然清廉就要清贫哪，故手无银两，家无余资……"不等学使说完，先生道："为师不难为你，告辞了！"

学使十分得意，照例在同僚中宣扬了一通，以示廉洁，心想传到皇帝耳朵里，定会龙恩大降，身价倍增。

此事，果然传到了雍正皇帝的耳朵里。哪知雍正帝不但没有"龙恩大降"，反而大为恼火，说："国将富，必尊师而重傅。古有'一日为师，终身为父'之说；又有'一日三炷香，供奉天、地、君、亲、师'之礼。学使弃先人之说，违先人之礼，实属不道！"于是传旨："从学使正俸以外的补贴中扣500两银，给其师，以顺言正名！"

从此，雍正帝扣银罚轻师的故事，便传扬于世。

林则徐孝亲尊师

智仁勇三者是中国重要的精神遗产，过去它被认为"天下之达德"，今天依然不失为个人完满发展之重要指标。

——陶行知

林则徐字元抚，又字少穆、石麟，晚号竣村老人、竣村退叟等。生于清乾隆五十年七月廿六日(1785年8月30日)，卒于道光三十年十月十九日(1850年11月22日)，侯官(今福州市)人。

为官后发觉自己"舍迎养一事，别无可以自慰者"，于是又遣人回里，恳请双亲就途。林父喜欢乡居生活，不肯就养，但感于林则徐的孝心，让林母前往。他还亲自写信告诉林则徐："汝勿强余，余行不能至，恐汝转以忧去职也。"林则徐捧读父亲的亲笔信，不禁涕泣。同乡前辈林春溥此时已辞官归里养亲，他十分歆羡，赋诗云："桑东去恋春晖，早脱官袍著彩衣。……我为简书惭负米，白云迥望正依依！"父亲去世后，林则徐把父亲手绘的《饲鹤图》随身携带，以为永久纪念。

孝亲者必尊师，林则徐对恩师张师诚也极为敬重，一生感怀恩师的教诲。恩师张师诚（福建巡抚），不仅教其修习经典，还助其考取功名、出仕。师恩激励着林则徐一生奉公为民。张师诚曾二试林则徐，林则徐当年还是穷书生时，在县衙门担任管理书信的工作。

一天，县令突接上司巡抚张师诚的命令，要他拿办林则徐解送省里。县太爷明知林则徐是规矩人，但巡抚的命令又不敢违抗，便和林则徐商量，给他行资，让他潜逃。林则徐知道自己并没做不法之事，坚持听凭押解上省，他说："苟有罪，不逃刑，无则可大白于世，不能以含糊了事！"就这样被押解省里。巡抚见到他，拿出几封他代县令写的公函，问是不是他经手，林则徐点头称是。巡抚忙起身趋前携手，说："我早就知道是你的本事，想请你来做书记官，特地试试你的胆量，你不怪我吧？"这是一试。

林则徐在省里做书记官，有一年过年前，为巡抚大人写一封拜表贺岁，本来是例行公事，谁知道送张师诚过目时，张忽然在拜表上改了无关紧要的几个字，并要他即时再抄正。林则徐赶着回家过年，虽感费解，但还是认真抄正了，等到天亮张师诚回来，看了一遍拜表，就向林则徐"作一长揖"，说："从前看你的书法，越到临尾，越有精神，我心里就很佩服了，现在更加相信。我看人不少，都凭这点占卜别人的功名富贵，多数应验。你将来功名一定胜过我，我愿把我的子孙都托付给你。"这是二试。

后来的发展，果然没让张师诚看走眼，林则徐不仅在功名方面大大超过张师诚，如果究根问源，张师诚可谓有先见之明。

老师识人明察的态度林则徐一生奉行，而且收效颇佳，还用这方法选了沈葆桢当女婿。沈葆桢本是林则徐幕中一个小书记，一年除夕，众宾客都回家过年了，独沈氏未走，照样办公，林则徐偶尔出来看见，问沈氏："今日除夕，幕宾均宁家，汝奚事留此？"沈氏说："治事未竟，故独后。"林则徐注视沈氏许久说："事有奏章，今夕须缮发，汝留此，大佳。"于是，交给他一份长逾千言的疏稿，命他誊写，沈氏写完时已三更了。看了一遍，并未写错字或漏写，就到林则徐面前报命，并说打算就回家去。哪知林则徐忽然说："字太荒率，宜重录。"沈氏遂连忙重誊一遍，誊好，天已将晓。随即又送进去，林则徐看过，笑说："此差可。"一会儿，拜年的都来了，林则徐含笑对众人说："今日贺正，并当贺我得佳婿。"众人都很惊异。林则徐乃把沈氏介绍给众人说："此我婿也。"原来，林则徐见沈氏除夕还在办事，且重眷过的文件，一点也不躁怨，知道他是大器，所以看中他。后来沈氏果然科名连捷，著立功绩，为清代中兴名臣。

梅兰芳敬师

> 使学生对教师尊敬的唯一源泉在于教师的德和才。
>
> ——爱因斯坦

梅兰芳（1894—1961），原籍江苏泰州，生于北京。著名的京剧表演艺术家。在半个多世纪的艺术生涯中，不断探索，不断革新，在艺术上精益求精，虚心好学，形成自己独特的艺术风格，也称"梅派"，对我国京剧事业的发展作出了突出的贡献。

戏剧大师梅兰芳先生，不仅在我国戏剧艺术发展史上占有光辉的一页，而且他甘拜他人为师、拜名人为师，活到老学到老，尊师敬业的美德，至今广为传颂。

新中国成立前，在一次京剧《杀惜》的演出中，剧场内，戏迷们喝彩声不绝于耳。

"不好！不好！"突然，从剧场里传来一位老人的喊声。人们一看，是一位衣着朴素的老者，已有六旬年纪，正不住地摇着头。

梅兰芳看到这一情景，心里感到突然，蹊跷。戏一下场，他来不及卸装、更衣，就用专车把那位老先生接到家中，待如上宾。他恭恭敬敬地对老人说道："说我孬者，是吾师也。先生言我不好，必有高见，定请赐教，学生决心亡羊补牢。"

老先生严肃而认真地指出："惜姣上楼和下楼之台步，按梨园规定，应是上七下八，博士为何上八下八，请问这是哪位名师所传？"

梅兰芳一听，恍然大悟，深感自己的疏漏。纳头便拜，连声称谢不止。

后来，梅兰芳凡在当地演戏，都要请这位老者观看，并常请他指教。

梅兰芳不仅在京剧艺术上有很深的造诣，在琴棋书画上也是妙手。他师从齐白石，虚心求教，总是执子弟之礼，经常为齐白石磨墨铺纸，老师对这个"学生"也十分敬爱。

有一次，齐白石到朋友家做客。客厅内宾朋云集，皆是社会上之名流。齐白石较之这些人自觉寒酸，不引人注目。正在这时，主人上前恭迎梅兰芳，人们也蜂拥而上，一一同他握手。可是，梅兰芳已知齐白石也在赴宴，他四下环顾，寻找老师，亲切地问："难道齐白石先生没来？"当他看到被冷落到一旁的齐白石老人时，立即让开别人一一伸过来的手，挤出人群，向老画家恭恭敬敬地叫了一声“老师”，和他寒暄问安……

在座的人见状，都很惊讶。齐白石也深受感动。隔了几天，他特向梅兰芳馈赠《雪中送炭》一画，并题诗道：

记得前朝享太平，
布衣尊贵动公卿，
如今沦落长安市，
幸有梅郎识姓名。

张乐平冒雨探恩师

> 学校要求教师在他的本职工作上成为一种艺术家。
>
> ——爱因斯坦

著名漫画家张乐平，原名张升。小时候在浙江省海盐县完小读书。教他美术的老师叫陆寅生。

有一年，北洋军阀曹锟用钱收买拉选票，谁要选他一票给大洋五千元。陆寅生老师就以这件丑闻为题材，指导张升画一幅政治漫画，嘲讽大军阀曹锟。这就是张升第一次画的漫画。这件事一直留在他的记忆中，终生不忘自己最尊敬的启蒙老师。

时间过去了五十多年，张乐平已成了最著名的漫画大师。他一直惦记自己的老师，千方百计地打听老师的下落。

1981 年 3 月，当他得知陆寅生老师仍健在，便不顾 72 岁的高龄，在一个春雨霏霏的早晨，一手提着蛋糕，一手打着雨伞，来到陆寅生老师家拜望。陆老师感到非常奇怪：为什么张乐平漫画大师会来看望他？张乐平向陆老师说：“陆老师，我就是当年海盐完小的学生张升啊！”陆老师对眼前这位老人看了又看，连声喊道：“像，像他，就是他！”接着他非常激动地说：“真想不到我这个《三毛流浪记》的老读者，居然这么多年一直不知道作者就是自己的学生。”张乐平也深情地说：“我可一直记得陆老师教我第一次画漫画呢！”陆老师更为感动，说：“这已是五十四年前的事了，你还记得，还特意来看我，真是难得啊！”

张乐平年过 7 旬仍然尊师、拜师的故事，一直被美术界传为佳话。

鲜花献严师

> 自我教育需要有非常重要而强有力的促进因素——自尊心、自我尊重感、上进心。
>
> ——苏霍姆林斯基

1990 年的一天，一架飞往芬兰的飞机从北京国际机场腾空而起，飞机上有两个俊俏可爱的小姑娘，她们是上海舞蹈学校芭科五年级的学生——

谭元元、赵磊。此时，两个小姑娘显得非常兴奋、激动，她们是经过国内几次筛选，才取得了芬兰赫尔辛基国际芭蕾舞比赛的参赛资格，她们将代表中国同22个国家的68名选手进行比赛。坐在她们身旁的是林美芳老师，她似乎猜透了姑娘们的心思，这位在教练时极其严格的老师，这时却非常和蔼可亲，低声细语地叮嘱姑娘们要闭上眼睛，稳定情绪，抓紧时间，好好休息。两个小姑娘听话地闭上了眼睛，但她们的思绪已飞回到与林老师在一起的日日夜夜……

林美芳是姑娘们的舞蹈老师，为了竞选参加这次国际比赛，她费尽了心血。她制定了科学而又严格的培训计划，并为姑娘们设计了12个风格各异的参赛节目。

每天一大早，当姑娘们走进练功房时，林老师早已等在那里。训练时，林老师对姑娘们的要求是极为严格的，一个动作经常要重复四五十遍，一个节目一天也要排练好几遍，达不到要求林老师是决不肯罢休的。林老师不仅要一遍遍地讲解，而且还要一遍遍地示范。姑娘们要跟着她不停地跳，不停地旋转。当人稍一站定，汗水就会从头上一直流到脚跟，鞋边马上出现一摊水，人就像从水里捞出来的一样。姑娘们真是累极了，恨不得马上躺下休息。但是，看到林老师身上也流着一样多的汗水，还在用嘶哑的嗓音，不停地纠正每个人的动作，她们立刻打消了休息的念头，又继续刻苦认真地投入训练了。直到能够准确地完成每个动作，充分表现出舞蹈作品的内容、风格，才停止训练。

如果说累还可以熬一熬的话，那么脚趾钻心般的疼痛就更让人难以忍受。谭元元、赵磊脚趾都磨出了血泡，血泡破了，又感染化脓。脚趾不碰已经很疼了，穿上鞋一跳，就像在伤口上撒了盐，疼得姑娘们直淌眼泪。这时，林老师就像慈母一样，跪在地上仔细查看她们的脚伤，给她们涂药包扎，并用亲切的话语鼓励她们。姑娘们看着林老师日渐消瘦的面庞和殷切期望的目光，她们擦掉了眼泪，咬咬牙，鼓起勇气，又继续训练了。

严师出高徒，师生辛勤的汗水浇灌出芭蕾新花。谭元元、赵磊终于踏上了参加国际比赛的旅程。

谭元元、赵磊虽然都只有15岁，又是初上国际舞台，但她们的表演却十分出色，使蓝眼睛的外国同行看了瞠目结舌，不少评委惊呼："东方人跳西方的古典芭蕾舞怎么这样规范、纯净！可见训练有素，基本功扎实。"经过三轮激烈的竞争，两位姑娘力挫群芳，终于获得比赛的第二名、第三名，评论界称本届比赛出现了"中国奇迹"。

在颁奖大会上，中国驻芬兰大使送给谭元元一束红玫瑰，送给赵磊一束黄玫瑰。花是那么美，那么香，可又是那么沉。忽然，她俩不约而同地朝一个方向跑去，把手中的鲜花献给了敬爱的林美芳老师。

李宁把金牌送给教练

> 不能把小孩子的精神世界变成单纯学习知识。如果我们力求使儿童的全部精神力量都专注到功课上去，他的生活就会变得不堪忍受。他不仅应该是一个学生，而且首先应该是一个有多方面兴趣、要求和愿望的人。
>
> ——苏霍姆林斯基

第 23 届洛杉矶奥运会上，男子体操决赛正在紧张地进行着。被称为“体操王子”的中国选手李宁的精彩表演，博得了全场热烈的掌声和欢呼声。“成功了，成功了！”李宁一人夺得了三枚金牌！

李宁兴奋得满脸通红，高高地举起双手，向沸腾的观众表示谢意，然后，立即向场边的教练张健老师跑去。师生紧紧拥抱在一起，许多观众都为这感人的一幕流下了热泪。

李宁在取得成功后，首先要感激的是他的教练张健老师。他心里非常明白，那金光闪闪的奖牌上有张健老师的心血和汗水。

他跟着张健老师学习了 4 年体操。4 年来，张老师费尽心思，根据李宁的特点，设计了一套又一套动作。每套动作设计出来，他就全力以赴，全神贯注地陪李宁练习，仔细、耐心地纠正李宁的每一个动作，直到满意为止。张教练为李宁设计的几套“绝招”在世界上是独一无二的。这是李宁屡次夺得世界体操冠军的基石。李宁常说：“我在场表现出来的一切，都是教练心血的体现。”

1983 年第 22 届世界体操锦标赛，在团体赛最后单杠自选动作比赛的节骨眼上，李宁不慎失手，失去了成功的机会。李宁含泪走下场，心里痛苦极了。他不能原谅自己，自己给团体成绩拉了分……

李宁失手，张老师的心里很不是滋味，他理解李宁的心情，但不允许李宁这样沮丧。他走到李宁身边，用低沉而有力的声音说：“李宁，抬起头来！面对现实，才能奋发崛起！”事后，他又和李宁一起分析了失败的原因，总结了教训。

李宁就是这样在张健老师的培养下，很快成为世界冠军。在他夺得金牌的时候，他首先想到的是老师，永远忘记不了自己的老师。

洛杉矶奥运会结束后，李宁把自己夺得的三枚金牌，一枚送给了张健老师，一枚送给了他在广西体操队时的教练梁文杰老师，最后一枚留给自己作为纪念。

阿基米德拜“奴隶”为师

> 教师之为教，不在全盘授予，而在相机诱导。
>
> ——叶圣陶

阿基米德是古希腊伟大的数学家和物理学家。他出生于西西里岛叙拉古城一个贵族家庭，从小就受到了严格的体育和智育训练，养成了勤奋求学的良好习惯，一生都是在孜孜不倦地探索中度过的。

有一天，年轻的阿基米德经过一个奴隶市场，看到一个凶残的奴隶贩子正在折磨一个老人，善良正直的阿基米德实在看不下去，他怒不可遏地冲上去，把老人从奴隶贩子的手中解救出来。

阿基米德把老人搀扶到一边，询问他是从哪里来的？为什么被贩卖到这里？从老人的诉说中他得知，原来这位老人竟是当时世界上的学术圣地——亚历山大城中的著名数学家科隆。科隆是在出海进行一次星座观测时，不幸遇到了海盗，被海盗作为奴隶卖到了罗马，以后又被奴隶贩子卖到了叙拉古城。

阿基米德本来就是一个极富同情心的人，他十分痛恨残酷的奴隶制度，更不能容忍自己尊敬的数学家被奴隶贩子像贩卖牲口一样卖来卖去，他立即用钱将科隆赎了出来。

阿基米德把科隆接到自己家里养伤，生活上处处关心照顾他，决定待伤好后再送他回亚历山大城。

在与阿基米德相处的日子里，科隆发现这名叙拉古城的年轻人不仅有一颗善良的心，而且思维敏捷，勤奋用功，对科学问题有浓厚的探索精神。科隆决定将自己一生积累的数学知识毫无保留地传授给这个好学的年轻人。

阿基米德也把科隆当成自己的老师，虚心向他学习。在科隆的精心指导下，阿基米德心中一些数学疑团一个一个解开了，眼界更加开阔了，他十分感激科隆先生对自己的指点和帮助。当科隆要离开叙拉古城时，他们师生已经成为难舍难分的好朋友了。

为了使阿基米德这样才华横溢的年轻人能有继续深造的机会，科隆回去后，就积极为邀请阿基米德到亚历山大城学习作准备。

阿基米德来到圣城亚历山大以后，无暇欣赏秀丽的城市景色，而是全身心地投入到学习中。他整天在图书馆里，如饥似渴地阅读不朽的数学经典佳作——欧几里得的《几何原本》和其他的科学著作。不知不觉中，他在这个科学的圣城度过了三个春秋，学业上取得了长足的进步。

当阿基米德带着一捆捆整理好的学习资料回到叙拉古时，他已经成为一名成熟的学者了。他始终不忘科隆先生对自己的教诲和帮助，一直和亚历山大城的科学界朋友们保持着密切的联系。阿基米德在科学研究上取得了一个又一个的成就，很快这些消息就传到了亚历山大城和世界其他地方。阿基米德成了人们所钦佩和尊敬的著名科学家。

富曼诺夫与高尔基

国将兴，必贵师而重傅。

——荀子

富曼诺夫，是苏联的著名作家。当他的两部小说《夏伯阳》和《叛变》出版发行以后，在社会上引起了不小的反响。富曼诺夫受到了来自上级、同事、亲友以及社会各界方方面面的一致赞扬。

有一天，富曼诺夫收到了当时著名的文学巨匠、自己心目中的老师——高尔基写来的一封信，他心里十分高兴，认为高尔基一定是写信祝贺他的小说发行了。谁知拆开一看，信中除了肯定了小说的价值之外，其他都是批评的内容。高尔基在信中说：

"你写得很匆忙，很草率……"

"你是作为一个旁观者在叙述，而不是作为艺术家在描写。"

"两本书写得都不简练，废话很多，有很多重复的解释，说明你不相信自己，也不信任读者的理智。"

最后，高尔基语重心长地劝告富曼诺夫："以后写小说，要一遍一遍地重写，要做更多的撕毁，烧掉正在写的手稿。做不到这一点，最好别发表什么作品。"

对于这封出乎意料的来信，富曼诺夫不仅没有埋怨、发火，而是由衷地感谢高尔基的直言不讳。他在收到高尔基来信的第二天，就迫不及待地写了一封回信，感谢高尔基的指教：

"读了您的信，令人鼓舞，感到获得了巨大的力量。"

"您顺手给了我两拳，而且每一拳都打的是地方，您的批评击中了要害。"

"您信中的话我都懂……您的话是对的，正确的。"

对于高尔基要他今后写作要多修改的劝告，他信中也表示诚恳地接受，他说："今后哪怕是一篇轻松的速写，我也要改写……七遍、八遍、九遍。"

富曼诺夫是这样说的，也是这样做的。他首先对《夏伯阳》和《叛变》两本已出版的小说进行了修改，使这两本书更加成熟，语言文字也更加简练、优美，再版后成为当时很有影响的作品。

富曼诺夫和高尔基这对师生在文学创作中都表现出高度的责任心。老师是高标准严要求，学生则报之以诚心，虚心接受。他们这种诚挚的师生关系，成为人们学习的楷模。

尊师重道

ZUN SHI ZHONG DAO

孔子尊师

为学莫重于尊师。

——谭嗣同

公元前521年春，孔子得知他的学生宫敬叔奉鲁国国君之命，要前往周朝京都洛阳去朝拜天子，觉得这是个向周朝守藏史老子请教“礼制”学识的好机会，于是征得鲁昭公的同意后，与宫敬叔同行。到达京都的第二天，孔子便徒步前往守藏史府去拜望老子。正在书写《道德经》的老子听说誉满天下的孔丘前来求教，赶忙放下手中刀笔，整顿衣冠出迎。孔子见大门里出来一位年逾古稀、精神矍铄的老人，料想便是老子，急趋向前，恭恭敬敬地向老子行了弟子礼。进入大厅后，孔子再拜后才坐下来。老子问孔子为何事而来，孔子离座回答：“我学识浅薄，对古代的‘礼制’一无所知，特地向老师请教。”老子见孔子这样诚恳，便详细地抒发了自己的见解。

回到鲁国后，孔子的学生们请求他讲解老子的学识。孔子说：“老子博古通今，通礼乐之源，明道德之归，确实是我的好老师。”同时还打比方赞扬老子，他说：“鸟儿，我知道它能飞；鱼儿，我知道它能游；野兽，我知道它能跑。善跑的野兽我可以结网来逮住它，会游的鱼儿我可以用丝条缚在鱼钩来钓到它，高飞的鸟儿我可以用良箭把它射下来。至于龙，我却不能够知道它是如何乘风云而上天的。老子，其犹龙邪！”

颜回乞米为师炊

为别人照亮道路，自己必须放出光芒——这就是人的最大幸福。

——（苏联）捷尔任斯基

颜回，春秋末年鲁国人，字子渊，一作颜渊。他天资聪颖，贫而好学，是孔子的最好学生，他以跟孔子学习为最大的快乐。

颜回随孔子周游列国。在去陈国和蔡国的路上被困住了，一连七天没吃上一口饭，两人饿得都受不了了。

孔子只好白天躺着睡觉，借以忘却饥饿。颜回见老师饿得渐渐消瘦下去，皮包骨头，心里十分忧伤。他想，我这样的年轻人或许还能熬上一些时光，而老师上了年纪，怎能经得起饥饿的折磨呢？万一路上有个三长两短可怎么办呢？他决定想办法去弄点吃的来。他没想出什么好办法，只好去向人乞讨。他看见一位老婆婆，希望能帮助他们。这一次真巧，好心肠的老婆婆居然给了他一些白米。

颜回高高兴兴地把米拿回来。心想，这回老师可以吃上一顿饱饭了。他连忙把米倒在锅里，砍柴生火，不一会把饭做熟了。

这时，老师也正好睡醒，突然闻到了一阵扑鼻的饭香。他十分奇怪，哪来的饭香呢？他连忙起身出来探望。没想到，刚一跨出房门，看见颜回正从锅里抓一把米饭往嘴里送。老师既高兴又生气，高兴的是终于有饭吃了，生气的是学生怎能这般无礼，老师还没动口吃，他却抢先一个人吃了起来，这成何体统？

过了一会，学生端了一碗热腾腾、香喷喷的白饭送到孔子面前，说道："今天幸好遇到一位热心肠的老婆婆，送给我们一些白米，现在饭已做好了，请老师先吃吧！"孔子很不高兴，一下子站了起来，说道："刚才我睡觉时做了一个梦，梦到去世的父亲，让我先用这碗洁白的米饭去祭奠他老人家。"

颜回一听，忙夺下那碗饭，连连说道："不可，不可！这米饭不干净，不能用来祭奠！"

孔子故作不解地问："你为什么说这饭不干净呢？"

颜回答道："方才煮饭时，不小心将一块炭灰掉在饭上面，我感到为难，倒掉吧，太可惜了，不倒掉吧，又不能把弄脏了的饭给老师吃呀！后来，我自己把沾了炭灰的米饭抓来吃了。所以，这掉过炭灰的饭是不能用来祭奠的。"

孔子听后，恍然大悟。他激动地拉着颜回的手说："颜回呀！你真是一位贤德的人啊！方才我真糊涂啊！"

子贡以青天和泰山颂师

> 教师是太阳底下再优越没有的职务了。
>
> ——(捷克)夸美纽斯

子贡，姓端木，名赐，是春秋末思想家、教育家，孔子的学生。他很尊重孔子。

子贡出生于富商家庭，据说他常常高车驷马游历各国，和国君接触，宣传他的老师，使孔子名扬各国。

一次，子贡到齐国去做客，齐景公接见了他。在谈话中，齐景公问子贡："先生，您的老师是谁？"

子贡回答说："我的老师是鲁国的仲尼。"

景公又问："孔仲尼是个贤明的人吗？"

子贡回答说："他是当代的圣人啊！岂止是个贤明的人呢！"

景公笑嘻嘻地说："他是怎么个'圣'法呢？"

子贡说："这个我也不知道。"

景公脸上变了颜色，说："刚才你说他是'圣'人，现在又说不知道，这是怎么一回事呢？"

子贡回答说："这也没什么奇怪的。打个比方说，我一辈子都头顶着青天，但我却不知道天有多么高；我一辈子都踩着大地，但我却不知道地有多么厚。我跟着孔子学习，就像渴了的人拿着水壶到江河灌水一样，喝满了肚子就走开，怎么能知道江河有多么深多么大呢？"

景公说："先生您夸老师仲尼，有些过火了吧？"

子贡回答说："我哪敢言过其辞呢？我觉得还没说到是处。我夸仲尼，就像两只手捧着一捧土加到泰山上，很明显，泰山不会因此而增高；假使我不夸仲尼，就好像捧走泰山上的一捧土，很明显，泰山也不会因此而降低。"

景公听完子贡的话，深表敬佩地说："先生你说得对，确实是这样啊！"

子贡敬师尊师的故事，一直为后人所传颂。

颛孙师衣襟记师训

其身正，不令而行；其身不正，虽令不从。

——孔子

颛孙师，字子张，是孔子七十几名得意门生中的一个。他为人稳重、做事细心，学习也很用功，而且在学习期间就有将来要从政的想法，因此向孔子提出了"一个人怎样才能在天下通行无阻"的问题，孔子说"如果一个人忠诚信实，说话尊重事实，不夸大，不缩小，而且言行一致，办事认真，为人谦恭敦厚，那么他就是来到不开化的部落里也会畅行无阻；如果一个人言行不一，为人虚伪奸诈，那么就是在他自己的家乡里做事，他也会寸步难行的。而这个'忠诚信实'要怎么样才能一刻也不离开你呢？当你站着的时候，你就应当感到这几个字就在你的眼前；而你坐在车上的时候，就如这几个字写在车前的横木上一样。如果能做到这些，天下各地还不任你通行吗？"

颛孙师很受启发，觉得老师的话讲得非常深刻，想要把它记下来，然而身边又没有竹筒。他急中生智，把扎袍子的腰带解下来在地上展平，用篆书在上面工工整整地记下了老师的教导。

石勒尊师好学

> 敬教劝学，建国之大本；兴贤育才，为政之先务。
>
> ——《朱舜水集·劝兴》

晋元帝即位的第二年，匈奴族的汉国国主刘聪病死，汉国内部发生了分裂，大将石勒在反晋战争中扩大了势力，自称为赵王。

石勒是羯族人，他家世代是部落的小头目。他年轻的时候，并州地方闹饥荒，他和部落失散了，曾给人家做过奴隶、佣人。一次，他被乱兵抓住，关在囚车里。正好车旁有一群野鹿跑过，乱兵纷纷去追捕群鹿，他才趁机逃走。

石勒受尽艰难，没有出路，就招集一群流亡的农民，组织一支强悍的队伍。刘渊起兵后，他投降汉朝，在刘渊部下当了一员大将。他不识字，但从小受过汉族文化教育。任大将以后，渐渐懂得了要成大业，光靠有武力不行。于是，拜一个汉族士人张宾为师，采取了许多治国措施，还收留了一大批北方汉族中的贫苦读书人，组织了一个“君子营”，虚心向他们求教。由于他骁勇善战，加上有张宾等一大批谋士、老师帮他出谋献策，势力更加强大。过了两年，他在襄国自称皇帝，改国号为后赵。

他自己没文化，却十分重视读书人和尊重教书的先生。当了皇帝后，命令部下，凡遇到读书人和有学问的先生，一定要请到襄国来。他采用了张宾等人的意见，设立学校，要他部下将领的子弟进学校读书。他还建立了保举和考试的制度，招贤纳士，凡是各地保送上来的人经过评定，合格的就选用为官。

石勒特别喜欢读书，他自己不识字，就请一些读书人和老师把书讲给他听。他一边听，一边认真思索，没有一点架子，还随时发表自己的见解。有一次，他让人给他读《汉书》，听到有人劝汉高祖刘邦封旧六国贵族的后代的历史，他说：“刘邦采取这种错误做法，怎能得天下呢？”讲书人马上给他解释：“后来由于张良的劝阻，汉高祖并没有这样做。”石勒点点头说：“这才对啦！”

由于石勒重用人才，尊师好学，在政治上比较开明，后赵初期才出现了兴盛的景象。

刘邦敬老得贤臣

年老受尊敬是出现在人类社会里的第一种特权。

——(法)拉法格

秦朝末年,刘邦和项羽兵分两路进军关中,楚怀王与他们约定,先进入咸阳者为关中王。

刘邦率领大军直捣秦国国都的门户——函谷关。他途经高阳(今河南杞县西边),要消灭驻扎在那里的秦军。

高阳有位很有韬略的名叫郦食其的老人,酒量大得惊人。他看到刘邦是个能成就大业的人物,就让在刘邦帐下当骑兵的一个乡亲引见,想见刘邦,愿为他效劳。刘邦答应了。

郦食其来到刘邦居住的驿舍,进到屋里,看见刘邦正坐在床边,让两个女子给他洗脚。这是不是见贤者之礼,郦食其故意慢慢腾腾地走到刘邦面前,作揖而不拜。刘邦见来人是个60多岁的儒生,坐在床边纹丝不动。

郦食其看到刘邦这样傲慢无礼,很生气,高声问道:“足下带兵到此,不知是帮助秦国攻打起事的诸侯呢?还是帮助各诸侯讨伐暴秦?”

刘邦听他说话这样随便,明知故问,也不下拜,举止故作斯文,于是大动肝火,吼道:“你真是一个不识时务的书呆子!天下人谁没有尝过暴秦的苦头?天下的豪杰都讨伐秦,我怎么会去助秦?”

郦食其不紧不慢地说:“足下如果真心讨伐暴秦,为什么见到年长的人这样无礼?您对待贤人这样傲慢,谁还为您献计献策呢?没有贤才相帮,仅凭个人的力量,是推不倒暴秦的。”

刘邦听了这番话,知道自己失礼了,急忙擦脚穿鞋,整好衣冠,向郦食其道歉,请他坐在上座,并恭恭敬敬地说:“先生有何良策,请多多指教。”

郦食其见刘邦改变了态度,又虚心求教,便对他说:“足下的兵马还不到一万人,就打算长驱攻入秦国的国都,这好比是驱赶着羊群扑向老虎,只能白白送命。依我看不如先去攻打陈留。陈留是个战略要地,城中积存的粮食很多,作为军粮足够用,而且交通四通八达。”

郦食其向刘邦献出了这条妙计。刘邦非常高兴,请郦食其先行到陈留,然后选派一员大将领一部分精兵赶到。郦食其来到陈留,见到县令,劝他投降,县令不肯。郦食其就在酒宴上灌醉了县令,然后偷出县衙令箭,假传县令的命令,骗开城门,把刘邦的军队放进去,砍死了县令。

第二天,刘邦的大队人马进入陈留。由于郦食其事先早已为刘邦写好了安民告示,刘邦一进城,就受到百姓的欢迎。刘邦看到陈留果然贮有大量的粮食，十分佩服郦食其的神机妙算，于是，封他为广野君。

刘邦在陈留招兵买马，军队扩大了将近一倍，抢在项羽之前攻入了关中。最后统一了天下，建立了汉朝。

因礼得贤才，进而得天下。历史是一面镜子，她提供的经验，值得后人体味借鉴。

汉明帝登门求教

> 尊师则不论其贵贱贫富矣。
>
> ——《吕氏春秋·劝学》

东汉的汉明帝刘胜，十分尊敬老师。

刘胜为太子时，光武帝为他选定一位叫桓荣的老师，为刘胜讲解经义，封他为太子少傅。当时贵为太子的刘胜十分讲究礼义，恭恭敬敬地听从老师的教诲，虚心学习，刻苦攻读，几年之后成为当时出色的经学家，并早成大器，当上了皇帝。

刘胜并没有因为当了皇帝，成为一国之尊而骄横。相反，对老师更是毕恭毕敬。因老师桓荣年迈，便免去他上朝奏事的礼节，让桓荣在家休养，并经常带着大臣们去桓荣家听课。在繁华的洛阳城内，常出现这样的景象：宽敞的街道上，行人和车辆纷纷闪出一条路，然后有一辆高大、宽敞、华丽的彩色马车从中直驱而过，车后又跟着一支长长的队伍，浩浩荡荡向桓荣家驶去，老百姓们对圣驾都投以尊敬、钦佩的目光，并纷纷赞叹：自古以来，哪里有这样的皇帝，亲自驱车到老师家求学的？为了不惊动桓荣，每当马车临近桓荣家的时候，明帝便下令停车，步行进入老师家的小巷。桓荣得知皇帝驾到，便赶紧整理好衣帽，到门外恭候，以行君臣之大礼，但汉明帝每次都是连连摆手说：“岂敢，岂敢，请老师免礼。”然后亲自搀扶老师进入府中，让老师上座，并叫大臣们在桓荣面前摆设案几，让文武百官站在桓荣面前，已表对老师的尊敬与关心，然后自己则像小学生一样捧着经书，全神贯注地听桓荣老师传授知识。休息时，刘胜亲自捧着在皇宫特为老师做的点心，恭敬地送到老师面前，请桓荣食用。讲课结束后，刘胜便带着文武百官向老师行礼告辞。除此外，刘胜皇帝经常为桓荣解决各种生活困难，为他提供一切方便。

永和五年，桓荣老师身患重病，刘胜多次去老师家看望，每次来都是小步跑到老师的病床前，怀着沉痛的心情，诚恳地耐心地安慰老师，祝愿老师早日康泰，并叮嘱有关大臣经常到老师家帮助老师料理家事。事过不久，刘胜皇帝得知桓荣病故的噩耗，悲痛万分，不顾圣驾的尊严，不顾大臣的劝阻，脱下龙袍，穿上丧服，亲自到桓荣老师家为之吊孝送葬。同时把周朝高士伯夷叔齐墓葬首阳山的一块要地，赏给桓荣作墓地。并赞扬其老师说：“桓荣老师的品德高尚、学识渊博，可以和古代贤人相媲美。”

白居易尊老敬老

老年，好比夜莺，应有他的夜曲。

——（德）康德

唐代著名诗人白居易一生热爱祖国，关心百姓，特别关爱老年人。

白居易曾任江州（今江西九江市）司马，忠州（今四川忠县）、杭州、苏州等地的刺史。他每到一个地方，总是让手下的官员先找来本地一些德高望重的老人，倾听意见，以便制定地方的施政方略。公务之余，白居易常简装便服，到百姓中听取他们的街谈巷议。听到一些老人遭受子女虐待的事，白居易特别生气，立即派人将这些不孝子女传讯上来，以情理责之，直到他们口服心服地承认错误并答应一定要孝敬老人时，才放他们离去。

遇到一些贫困的老人前来求援，白居易热心接待，尽力周济他们。他任忠州刺史时，有一年冬天，一位因兵乱而流落到川的老人前来找他。白居易见这位老人衣不遮体、饥寒交迫，当即送给老人寒衣和回家乡的路费。老人捧着这些礼物，眼泪纵横，千恩万谢。望着老人远去的背影，白居易心酸地吟道：“八十泰翁老不归，南宾太守乞寒衣。再三怜得非他意，天宝遗民见更稀。”

忠州城内有一位以卖麻饼为生的老妪，因制作技术差，生意清淡，入不敷出，生活十分拮据。有一次，白居易路过老妪的店前，在与老妪攀谈中得知情况，非常同情。回去后，白居易花费了好几天的时间，创造了一种发酵麻饼的制作工艺，并向老妪传授，使她家很快摆脱了贫困。后来，这种麻饼盛名远扬，当地人因白居易晚年号“香山居士”，遂给这种麻饼取名为“香山蜜饼”。

由于白居易的德政深得人心，因此在他离任时，地方百姓都扶老携幼地倾城出来为他送行，许多得到白居易恩惠的老人更是痛哭流涕，依依难舍。白居易在离开苏州时，一些老人竟随舟送出十里之外。

白居易一生写下了几千首诗歌，其中有相当一部分是写老人题材的。如《江南遇天宝乐叟》是写宫廷老乐工的，《杜陵叟》是写老农夫的，《上阳白发人》是写老宫女的。这些诗歌都脍炙人口，流传至今。在这些充满血泪的诗歌中，饱含了白居易对穷苦、善良的老人们深切的同情和关怀。

白居易还曾专门就养老问题给唐朝皇帝上过一道奏疏。在奏疏中白居易提出：养老之道，不仅仅只是发给老人们一些衣帛和食物，更重要的是要使老人们生活在一个安定的社会，有个安居乐寿的生活环境。“牧以仁贤，慎其刑罚”，使老人们得以长寿；“不夺其力，不扰其时”，使老人们过上富足的生活；“使老者事长，少者敬老”。这些见解，有其独到之处。

李世民教子尊师

> 人虽有性质美而心辨知，必将求贤师而事之，择良友而友之。
>
> ——《荀子·性恶》

唐太宗李世民(599—649)是我国历史上少有的明君。他懂得国家要兴旺发达，长治久安，搞好子女教育是非常重要的。他曾经对臣下说过：“一个具有中等智力的人将来怎么发展，主要由教育来决定。”他还列举周成王和秦二世正反两个例子来说明“人的善恶由近习”的道理。因此，他给几个儿子选择的老师都是那些德高望重、学问渊博的人。而且，一再告诫自己的子女要尊敬老师。

公元639年的一天，长安城里太子居住处的东宫前，突然出现一乘大轿，一个头戴乌纱身穿袍服的老人，由几个太监小心翼翼地搀扶着走下轿来。这时，东宫大门敞开，从里面走出一位风度翩翩的少年，上前向老人施礼。这个少年就是皇太子李承乾。那么，来的这位老人又是谁呢？也许有人会以为是皇帝的重臣。其实不是，他是皇太子的老师李纲。原来李纲由于患了脚疾，行走不便，唐太宗就特许他乘轿入宫讲学，诏令皇太子亲自拜迎老师。

贞观十一年，唐太宗又令礼部尚书王珪当他第四个儿子魏王李泰的老师。一天，有人反映说魏王对老师不尊敬，唐太宗听了十分生气，当着王珪的面批评魏王，说：“你以后每见到王珪，如同见到我一样，应当尊敬，不得有半点松懈。”从此，魏王李泰看见老师，总是好好拜迎，听课时也十分认真。

由于唐太宗家教很严，他的几个儿子对老师都很尊敬，从不失礼。唐太宗教子尊师也被后人传为佳话。

宋太祖尚学尊师

> 古之圣王，未有不尊师者也。
>
> ——吕不韦

宋太祖(927—976)，即赵匡胤，涿州(今河北涿县)人，宋王朝的建立者。公元960—976年在位。

赵匡胤出身于一个官僚家庭。他的父亲是后唐骑兵中一个中级指挥官。赵匡胤出生的时代，正值政局混乱的五代时期。那时，出于战争的需要，人们普遍崇尚武术，轻视读书。赵匡胤小时候，就和一般公子哥不同，既崇武，又重文。七岁时入了私塾读书，学习非常刻苦，成绩总是名列前茅。他的老师叫辛文悦，是个知识渊博的人。老师特别喜欢他，他也十分尊敬老师。

那时候，学生常常捉弄老师。

有一天，劳累的辛老师竟趴在书案上打起盹来。两个好恶作剧的学生偷偷地溜出教室，从后园中捉了只螳螂放在了辛老师的肩头上。螳螂舞动着长腿，一步步向上爬着，眼看着就要爬到辛老师的脖领里。学生们不再读书，新奇地看着，不时地发出“嘻嘻”声。赵匡胤看到学生这样不尊重老师，十分气恼，狠狠瞪了那两个学生一眼，便轻手轻脚地来到老师跟前，把螳螂捉了下来。恰巧这时候老师醒了，看见赵匡胤手里捏着只螳螂，以为他在捣蛋。气得上气不接下气，冲着他喊：“真乃顽童，岂能容汝。去也！”赵匡胤什么也没说，流着眼泪退出课堂。

后来，辛老师从别的学生嘴里得知真相后，心里很不平静。他把赵匡胤找到身边赔罪说：“汝无错，师之过也！”

从此，辛老师更加器重赵匡胤，赵匡胤也更加刻苦学习。他跟辛老师学了很多别人学不到的知识。

“陈桥兵变”后，赵匡胤当了皇帝。做皇帝后，他没有忘记恩师，派人把老师接到朝中。辛老师一见当朝皇帝，就要行君臣大礼，赵匡胤忙跪拦道：“愧煞我也，学生理应拜先生！我永远是您的学生啊！”辛老师感动得热泪盈眶，决定应赵匡胤之邀，留在朝中，效忠大宋王朝。

从此，宋太祖赵匡胤重文尊师的美德誉满天下，人们纷纷效仿他。一时间，崇尚学习，尊敬师长，成为风气。

米芾与一张五两纹银的纸

> 教师个人的范例，对于青年人的心灵，是任何东西都不可能代替的最有用的阳光。
>
> ——乌申斯基

米芾是北宋大书画家。他少年时代就喜好书法，经常找来各种字帖临摹练习。可是练了很长一段时间，仍觉得自己的字写得太平常，没有什么长进，米芾对此感到十分苦恼。

有一天，村里来了一位字写得很好的秀才，米芾听说后非常高兴，急忙跑去求教。秀才见这个孩子求学心切，就答应先试着教他。秀才拿出一本字帖交给米芾说：“你每天照着这本字帖练字，写好的作业拿来给我批阅。”

米芾每天照着字帖认认真真练字，很快就写了一大沓子纸。他拿着作业兴冲冲地去找老师，希望得到老师的夸奖和指教。谁知秀才接过作业，看着看着脸色却变得严肃起来，他对米芾说：“你想请我教写字，你得答应我一个条件，要用我的纸来练字。”米芾感到莫名其妙，但为了求学，他顾不上多想，就顺口答应道：“只要能教我写字，怎么都行。”秀才又马上笑着说：“我的纸可要五两纹银一张啊！”米芾一听大吃一惊，心想：“哪有这么贵的纸呀！这不是存心为难我吗？”秀才见米芾犹豫，就说：“不买我的纸就算了。”一听说算了，米芾又着急起来，他马上说：“我去找钱！”然后就头也不回地向家里跑去。

米芾家中并不富裕，一时拿不出这么多钱买纸。米芾含着委屈的眼泪，苦苦央求母亲，母亲心软了，当了自己的首饰，拿出五两纹银给了米芾。

秀才接过银子，把一张纸递给米芾并嘱咐说：“你好好写吧！”说完把银子放进袖筒就走了。

米芾接过纸，翻来覆去看了半天，感到这不过就是一张普通纸，哪里值五两纹银？它是母亲当掉首饰才买来的呀！这下米芾可不敢轻易下笔了。他拿着字帖仔细地琢磨，用心地分析每个字的间架结构和运笔特点，用手在桌子上练习比划。就这样，他竟然也练得入了迷。慢慢地字帖里的字一个个地都印在了他的脑海里。

过了一段时间，秀才出门归来，看见米芾拿着字帖看得入神，就问米芾：“怎么不写呀？”米芾低声嘟囔着说：“纸太贵了，我怎么敢随便写呀！”秀才听了哈哈大笑，指着纸说：“你已琢磨这么长时间了，写个字给我看看。”米芾按着老师的要求写了个“永”字。说也奇怪，这个字写得又像字帖里的字，又不完全像字帖里的字，漂亮极了。老师连连称赞，米芾也感到特别的兴奋。米芾终于明白了老师的用意。过去自己虽然总在练字，却没有用心。这次因为纸太贵了，不敢随随便便下笔就写，而是用心反复琢磨字帖中的每个字，这才使自己的字有了这么大的长进。

几天后，秀才要走了。临走之前，他把一个小布包放在米芾的手里说：“我们不枉师生一场，这个小礼物送给你留作纪念吧。不过，你一定要等我走后再打开。”米芾目送老师走远，直到看不见他的身影。回到家，米芾打开布一看，原来就是那次买纸的五两纹银，看着这银子，米芾不禁泪水夺眶而出……

后来米芾成了著名的画家和书法家。但他一生都没有忘记教他写字的那位秀才，在他写字画画的案头上始终放着那五两纹银。

朱元璋向老秀才赔礼

年老受尊敬是出现在人类社会里的第一种特权。

——(法)拉法格

明太祖朱元璋的太子自幼娇纵放任,7 岁时朱元璋给他请的 3 位老师都先后告辞,不愿给太子授课。为此,朱元璋心中十分烦恼。一天,丞相刘伯温向他推荐一位老秀才,说:"此人年已七十但学识渊博,且为人刚直无私,可任太子的老师。"朱元璋说:"只要能严教太子,年纪大些更好。"第二日,朱元璋便请老秀才进东宫,对太子说:"你一言一行都要好好听从这位老师的指导,不得无礼!"说罢,唤过太子向老秀才行礼。

一日,老秀才要太子背诵一段《论语》,自己则闭目养神。太子背了两句就取出书来偷看。突然,老秀才耸起身来抓住太子的耳朵要他跪下。太子哪里肯听,反而挥起小拳头打老师。老秀才大声喝道:"大胆!"说完把太子双手反扭过来,一定要他跪下,太子硬是不肯跪。

朱元璋刚好经过东宫,见了这一情景便走到老秀才面前求情:"看在朕的面上,饶他一次吧!"

老秀才沉着脸说:"子不教,父之过;教不严,师之惰。陛下应该知道这个道理。"

朱元璋见老秀才不仅不领情,反而当着太子的面来教训自己,不禁勃然大怒,喊道:"来人!把这老家伙关起来!"

事情传到马皇后那里,她觉得皇上为太子护短,居然惩罚起老师来,太不讲道理,决定去劝皇上认错。

傍晚,马皇后在与皇帝用膳时,先向朱元璋劝了几杯酒,然后说道:"皇上过去在淮西时曾说过,世上有两种人最无私心,皇上还记得吗?"

朱元璋一时记不起来,笑着说:"朕记不得了,还请娘娘讲吧!"

马皇后说:"一个是医生,一个是老师。皇上曾说,哪个医生不愿为病人治好病,哪个老师不愿把学生教成才,是吗?"

朱元璋听出娘娘话中有话,便说:"如果老师太蛮横无理,就不是好老师了。"

马皇后说:"这位老秀才脾气是有些怪,但他对太子教得严完全是为了他好呀!玉不琢,不成器,如果太子长大了无知无识,大明的天下不就完了吗?"

朱元璋听了心里懊悔起来,表示要向老秀才赔礼道歉。

第二天,朱元璋和马皇后先把太子叫来,当面教训一番,然后三人来见老秀才。老秀才见了他们,背着身子,故意不理睬。

朱元璋说:"您老人家不必再生气

了，朕特地向您赔礼来了！”

老秀才这时才向皇帝跪下施礼，说道：“老臣不敢，谢圣恩！”

朱元璋先请老秀才坐下，再命太子向老师跪下叩首认错。老秀才扶起太子后，走到书桌前写了“明王明不明，贤后贤不贤”10个大字。

马皇后见了递给皇上。朱元璋一看顿时睁着两眼愣住了。

马皇后笑着说：“请老师吟给皇上听吧！”

老秀才吟道：“明王明不？明。贤后贤不？贤。”

朱元璋一听哈哈大笑。

史可法狱中探师聆教

> 师也者，教之以事而喻诸德也。
>
> ——《礼记》

史可法是明朝末年抗击清兵的名将，是一位很有民族气节的爱国英雄。青年时代，他曾受到老师左光斗的教诲，老师那忧国忧民的胸怀，刚烈忠义的气节，对他产生了深刻的影响。

1624年，担任左佥都御史的左光斗，曾同杨涟等几位大臣一起，冒着生命危险，向皇帝上疏，揭露奸党魏忠贤祸国殃民的罪行。魏忠贤得到消息后，采取了恶人先告状，先下手为强的手段，左光斗被削职为民了。第二年，又以诬陷罪名，把左光斗逮捕入狱。

史可法听到老师被捕的消息，为营救老师出狱而四方奔走，但无济于事。一天，史可法听说左光斗在狱中受到了炮烙的酷刑，被奸党用烧红的铁烫灼全身，生命垂危。史可法不顾个人安危，向狱吏苦苦哀求，请给方便使他与老师能见最后一面。狱吏深为感动，让他乔装打扮，穿上破烂衣服，背上粪筐，化装成粪便清扫夫的模样，混进狱中。

史可法挨着房间寻求打探老师的下落，在一间阴暗潮湿的牢房里，终于找到了左光斗。只见老师全身被烧灼得皮开肉绽，躺在墙根下，气息奄奄，膝下的肌肉脱落，露出一把骨头。史可法见老师为了国家而被残害成这样，非常悲痛，忙扑上前去。跪倒在左光斗的面前，低声哭起来。

“你是谁呀？”被酷刑饶伤双眼的左光斗用颤抖的双手，在史可法的身上摸索着。

“门生史可法来看望恩师了。”史可法边说边抽泣。

“什么，是你？”左光斗非常生气。他知道自己是个死囚，魏忠贤一伙大搞株连，在监牢里会面岂不是要连累史可法！他用手剥开眼皮，看了学生一眼，厉声道：“这是什么地方！你怎能拿生命当儿戏！你快走，快走！”

“门生不走了，要服侍恩师，与恩师共生死。”史可法诚挚地恳求着。

"我要你马上就走!"老师厉声命令道。"方今奸党横行,国家大事坏到这步田地,我身陷囹圄,已经不行了。老夫唯一的希望是盼你能承担起救国救民的重任。而你居然不顾利害,自投罗网,国家的事依靠谁呢?"史可法不愿离去。

"你赶快出去!不然,与其等奸党对你下毒手,不如我现在就处治你。"左光斗一边打断史可法的话,一边举起身上的铁链,比划着要打下去的样子。

史可法深知老师赶自己走,是为了保护自己,以承担起救国救民的重担。他只好向老师叩了一个头,哭着说:"门生马上就走,恩师的教诲我一定牢记在心,但愿恩师千万保重啊!"他擦干眼泪,走出了监狱。

史可法牢记老师狱中的话,一世为官廉洁奉公。后来在抗击清兵入侵的战斗中,与扬州城共存亡,大义凛然,慷慨就义。

千叟宴

老年人犹如历史和戏剧,可供我们生活的参考。

——(古罗马)西塞罗

康熙是我国历史上一位功勋卓著的皇帝,在位 60 余年,殚心竭虑,励精图治,功不可没。他执政期间,1673 年撤除吴三桂等三藩势力,1684 年统一台湾,从 1688 年又开始用了 11 年的时间平定准噶尔汗噶尔丹叛乱,并胜利地驱逐沙俄对黑龙江流域的侵略。他还在京师东北的热河营建了避暑山庄,将其作为蒙古、西藏、哈萨克等部王公贵族觐见的场所。

建功立业后的康熙已经苍老。康熙五十二年在阳春园第一次举行了一次规模空前的千人大宴,邀请了全国 70 岁以上老人 2417 人赴京会宴,玄烨帝即席赋《千叟宴》诗一首,因此后人把此宴叫做"千叟宴"。

康熙大寿摆"千叟宴"大会群臣。席间康熙皇帝举杯敬酒,他说:"这第一杯酒,朕要敬给太皇太后孝庄。"古人云:"受人滴水之恩当以涌泉相报。"康熙作为爱新觉罗的后裔,首先想到列祖列宗的在天之灵,想到自己八岁丧父,九岁丧母,是孝庄太后带着他,冲破艰难险阻,才赢得今天的大清盛世。所以他的第一杯酒思念亲人,敬给孝庄太后实乃人之常情。这第二杯酒,他敬的是在座的文武大臣和天下的子民。俗话说,红花还得绿叶扶。再英明的君主,天下的大事还得靠文武大臣们去办。那时康熙在位已经 60 年了。60 年来,是数以千计的文官武将辅佐他,南征北战,剑峰所指,平息叛乱,效命沙场;百姓辛勤耕种俯首农桑,才有了天下太平。因此这杯酒算是庆功酒,敬的理所当然。

段玉裁尊师

学校的目标始终应当是：青年人在离开学校时，是作为一个和谐的人，而不是作为一个专家。

——爱因斯坦

段玉裁，字若膺，江苏金坛人。他从小热爱学习，一直到老仍好学不倦。他博览群书，知识异常渊博，著述甚富，是清代著名的文字训诂学家和经学家。

乾隆二十五年，段玉裁因中举要到京城去，路遇当时有名的国学大师、考据学家、思想家戴震。戴震对经学、天文、历算、地理、训诂音韵等方面均有较高的造诣。段玉裁早已耳闻，便虚心求教拜戴震为师。后来段玉裁去四川富顺和南溪当知县，每次收到老师的信札，不管有什么事，总是双手恭敬地接过来，然后敬重地面对老师居住的方向诵读。那时，段玉裁在国学界的声誉早已不在戴震之下，还如此尊师，一时间在读书人中被传为佳话。

乾隆四十一年戴震病逝，段玉裁知道后，非常悲痛，尽管他的境况也不见佳，仍给老师家送去了不少银两，有些钱还是现借的。

段玉裁所以能成为一代有学问的名人，是因为他能虚心地以德才兼备的人为师，虚心向他们学习。虽然他一生享誉甚多，却从不狂妄自负，总感到自己读书太少，没取得什么成就，他80岁那年还写了一篇自序，悔恨自己："忽忽至今，遂已八十。回首平生，学业何在也？"他决心从此以后要珍惜时光，为"多见一善人，多闻一善言，多得一善书"而自幸。他还以自悔的心情告诫子孙：一个人不要虚度年华，要惜时如金，要尊师，敬业；只要这样，无论生命长短都是有意义的。

正是这种尊师敬业的精神，使他在学习知识上永不满足，造就了他一代国学大师的美誉。

鲁迅尊师勤学

天才可贵，培养天才的泥土更可贵。

——鲁迅

鲁迅（1881—1936），浙江绍兴人。伟大的文学家、思想家、革命家。原名周树人。他小时候就能遵守学规，敬重师长，勤奋学习。

鲁迅12岁时进入了本地颇有声望的书塾——三味书屋，在这里读了4年书。老师是一位性格耿直，品行端正，学问渊博，名叫寿镜吾的老先生。鲁迅对他十分敬佩，称颂他是"极方正、质朴、博学的人”。

鲁迅学习非常刻苦认真，书塾开设三门课程，他的成绩都是最优秀的。第一门课是读书、背书。年底考试时，鲁迅总是从容地把一年读过的书从头到尾地背出来。由于他平时注意思考，背书时脑、眼、口并用，所以他读过的书，不但能背，而且能默写，能讲解，受到寿先生的赞许。第二门课是每天傍晚的对课。就是老师出个题目，要求学生按题意、字数、平仄对出一句话来。每次对课鲁迅都对仗工整，立意新颖，总比别的学生对得快、对得好。这为他后来的写作带来了很大好处。第三门课是每天中午前写大字课。在寿先生的严格要求下，鲁迅练就了一手好毛笔字。郭沫若曾赞誉鲁迅“是一位杰出的书法家”，这与鲁迅在三味书屋时的苦练是分不开的。

鲁迅很佩服老师知识的渊博，在老师的影响下，他也喜欢博览群书。几年中，凡是能搜集到的书他都读过了，还用自己节省的钱买书来读。有些书买不到，他就设法借来，边读边抄。这样，他成了同代少年中读书最多、知识最丰富的人。

寿先生对鲁迅很器重，觉得他聪明敏捷，刻苦勤奋，是一个有出息的人。寿先生的儿子在晚年回忆说：“镜吾公执教虽严，对鲁迅从未加以呵责，每称其聪颖过人，品格高贵……”

鲁迅 16 岁时，父亲去世了，从此他再也没有到三味书屋读书。但他对寿先生却一直怀着崇敬之情。在留学日本时，曾多次给寿先生写信，报告自己的生活和学习情况。后来，鲁迅曾回家乡任教，常去三味书屋探望寿先生。鲁迅全家搬到北京后，仍然保持着与寿先生的书信来往。他不忘辛勤培育过自己的老师，把可亲可敬的寿先生的形象展现在小说《从百草园到三味书屋》之中，留下了永久的纪念。

梅兰芳敬老尊贤

> 国将兴，必贵师而重傅。
>
> ——《荀子》

梅兰芳在成长的道路上，曾得到过一些梨园界前辈的教育和指点。他成名后，十分感念和尊敬这些前辈老师，处处关心照顾他们。

1931 年春，南北京剧界名家齐集上海演出。演出的剧场在浦东的高桥，乘船过江后还有近 10 千米路。由于路远难走，雇车很不方便。这天，梅兰芳与杨小楼好不容易找到一辆车，刚坐上去，正要上路，突然见到年近六旬的龚云甫老先生步履蹒跚地走过来。梅兰芳立即下车打招呼，当得知龚先生没有雇到车时，便执意让龚先生上车先走，龚先生推辞说：“你今天的戏很重，不坐车，到台上怎么顶得住？”梅兰芳谦恭地说：“我还年轻，顶得住，您老别为我担心。”说着就搀扶龚老上了车，他自己则冒雨步行10千米赶到了剧场。梅兰芳当时已是名震海内外的“四大名旦”之一，论资历和声望，在梨园界都无人匹敌，但他从不摆架子，而是处处考虑别人。

张大千与梅兰芳，一位是泼墨挥毫、丹青写意的国画大师，一位是扮相俊美、唱念俱佳的京剧名伶。两人慕名而知，相敬相重。一次酒会，两人都受邀参加。一些官场人物以为两位大师相遇，必然会有一番排座位争名次的矛盾。岂料梅兰芳一进门见到张大千，恭敬地拱手致意，尊以大师。而张大千更是幽默，故作下跪之姿，慌得梅兰芳赶忙双手相扶，问他何以如此。张大千道：“古人说，君子动口不动手。您以唱念为业，是‘动口’的，‘君子’当之无愧。我以作画为生，是‘动手’的，自然属于‘小人’。今‘小人’见‘君子’，岂有不跪之理。”说罢，两人开怀大笑，满座宾客也为之捧腹。

老舍心底“真正的教师”

> 要把学生造就成一种什么人，自己就应当是什么人。
>
> ——车尔尼雪夫斯基

老舍，原名舒庆春，字舍予，是我国“五四”以来的进步作家，擅长于表现城市下层人民的生活，尤其是描写北京城市贫民的生活，表现中华儿女在各个历史时期的命运。在他那一幅幅反映旧社会北京贫民悲惨生活的画卷中，饱含着作家苦难童年的经历，饱含着他对自己心底“真正的教师”——寒心茹苦的母亲无限的崇敬和深沉的爱。

老舍出生在北京一个满族贫民的家里，一岁半时，八国联军进北京，当旗兵的父亲在与敌人巷战中，被燃烧弹活活烧死。在这场民族的劫难中，老舍也险些丧命于鬼子的刺刀下。

父亲死后，官府每月只发给他家一两五钱饷银，远远不够维持四口之家的生活。刚强的母亲咬紧牙关，拼命地给人家浆洗缝补衣裳，默默地挑起了抚养孩子的重担。生活的艰苦是可想而知了。

老舍正是这样，从小就学到了母亲勤劳、要强、办事认真，对人宽厚的美德。这些美德是他战胜困难，积极生活，积极做人，受益终生的宝贵财富。

小的时候，老舍看到母亲和三姐做活很辛苦，有时连饭都吃不上，就帮着打下手，递烙铁、看火，送热水和凉水，他为自己能帮母亲减轻一分劳累而高兴。这使他从小就养成了勤劳的好习惯。

老舍爱清洁、爱整齐的好习惯，也是从母亲那里学来的。小时候，母亲浇花，他就帮取水；母亲扫地，他就帮撮土。老舍直到成年和晚年，一直坚持自己动手，收拾屋子，取水浇花。他写的稿子也总是清清楚楚，整整齐齐。

母亲会为婴儿洗澡，给孩子剃头，给小媳绞脸。凡是她能做的，无论再忙也总是有求必应。谁家有事要帮忙，她总是跑在前头。老舍从母亲那里学来了这些美好品格，待人热情、诚挚，乐于助人。成名后对青年人尤其关心。总是求访必见，有函必复。

老舍的一家，祖祖辈辈都是文盲，哥哥姐姐也没念过书。老舍七岁那年，要强的母亲省吃俭用，把老舍送进了私塾，而后又上了小学。

老舍深知母亲挣钱供自己念书不容易，上学非常刻苦勤奋。学校有些纨绔子弟，看不起像他这样的穷学生。老舍就像母亲一样，不顾他人的白眼和冷视，有眼泪往肚子里咽，咬紧牙，发奋苦读，从来不在衣着饮食上有什么要求。大姐给他做了一双新布袜子，他舍不得穿，总是穿着那双满是补丁的旧袜子。中午放学回家，碰上家里没饭吃，扭头就回校，饿着肚子上课。正像宋濂一样，不在乎“口体之奉不若人也”，把学习看成是最大的乐趣，老舍把书本当做自己的乐园。他偏爱文学，能背诵许多古文和诗词，擅于作文和演说，在同学中学习成绩拔尖。

小学毕业后，老舍考入了北京市第三中学，只上了半年学，他又偷偷地报考了北京师范学校。因为老舍想，师范学校的一切费用，包括制服、饮食、书籍，都由学校供给，可以减轻母亲的负担，考入师范学校之后，他才高兴地把消息告诉母亲。

1918 年，19 岁的老舍以优异的成绩在师范学校毕业了，被派往方家胡同小学当校长。老舍怀着深情对母亲说：“以后，您老可以歇歇了。”母亲看到儿子已长大成人，多少年的酸甜苦辣一时涌上心头，不禁满面热泪。

老舍的母亲一直活到 83 岁，1941 年病故。老舍满怀深情地回忆说：“从私塾到小学、直到中学，我经历过起码百位教师吧，其中有给我很大影响的，也有毫无影响的，但是我的真正的教师，把性格传给我的，是我的母亲。母亲并不识字，她给我的是生命的教育。”充分抒发了对母亲的养育之恩、人格的培养和教育的无限感激，对母亲无比真挚的敬仰和深沉的思恋之情。

老舍没有辜负母亲当佣工供自己上学的辛勤抚育，没有辜负母亲对自己身体力行的教育，把母亲视为自己“真正的教师”，一生为像母亲一样受苦受累的人民大众发奋写作。长篇小说《骆驼祥子》，是其创作上的一大高峰，也是我国现代文学史上少有的名著。建国十七年间，他先后发表、出版的戏剧、曲艺、论文等作品，总数约三百万字，每年为人民贡献近二十万字的精神食粮。话剧《茶馆》，长篇小说《四世同堂》，是他终生艺术创作的结晶，也是人民的宝贵财富。老舍终生以母亲的品格美德砥砺自己，把母亲看做自己真正的教师，成为蜚声中外的著名作家。

王震尊师重教做实事

> 教师的威信首先建立在责任心上。
>
> ——马卡连柯

王震同志是伟大的无产阶级革命家、政治家、军事家，坚定的马克思主义者，党和国家的卓越领导人。在他光辉的战斗一生中，不仅为中国人民的解放事业和社会主义建设事业建立了不朽的功勋，也为我国教育事业的发展作出了巨大贡献。他十分拥护邓小平同志尊重知识、尊重人才的指示，并身体力行关心教师，关心青少年一代，是尊师重教的光辉典范，受到亿万师生的尊敬和爱戴。

王震同志关心青少年健康成长，主张对学生要进行爱国主义、集体主义、社会主义和共产主义人生观的教育。多年来利用视察和有关会议机会，奔走呼号，多次强调要加强对青少年学生的思想政治教育，充分体现了老一辈无产阶级革命家对青少年成长的关怀和期待。

王震同志特别主张，在提倡广大教师发扬牺牲奉献精神的同时，在经济进一步发展的基础上，党和政府乃至全社会都要关心教师的疾苦，提高教师的社会地位和生活待遇。1986年国家教委着手研究建立教师的表彰制度。当时任国务院副总理、国家教委主任的李鹏同志建议，成立一个教师奖励基金会，邀请王老担任名誉理事长。王老诙谐地说："我从来没有向组织要过官，这次要谈谈价钱了！要我当名誉的我不干，要干就要去掉'名誉'二字，做个有职有权的理事长才有味道。"他担任理事长后，满腔热忱地为基金会奔走操劳；他亲自邀请德高望重的名流学者担任理事，聘请在战争年代饱经风霜的老大姐们为特邀理事，吁请大家为我国的千秋大业、子孙后代的基础教育工作献力；他亲自主持理事会会议，听取基金会工作汇报；他亲自致函、会见中央有关部委和省市的主要领导，宣传基金会的宗旨和任务，把节省下来的资金支持基础教育；他亲自会见向基金会捐款的港澳台同胞，激励更多的海外人士关注和支持祖国的教育事业；他把首都部分新闻记者邀请到家中，亲自介绍发展情况，通过报刊和广播扩大基金会影响；每年教师节他都代表中国中小学幼儿教师奖励基金会向受奖的优秀教师发表热情洋溢的讲话，并多次打电话邀请党和国家其他领导人出席表彰大会。王老还带头解囊，并教育子女和身边工作的同志为基金会募捐。

1988 年春节，王老向全国 1000 万中小学幼儿教师致慰问信，充满了对教师的尊重和理解，温暖了广大教师的心。北京市海淀区中关村二小的柯惠芬老师不会忘记，五年前的教师节前夕，王老在李铁映同志的陪同下亲临她家，看望同是中小学教师的父母，感谢这个教师之家为人民作出的贡献。如今，38岁的柯老师已是小学高级教师，每当忆及往事就泪水难抑。1988年4月，王老就任国家副主席后，依然十分关心教育工作。他说，我不是以国家副主席的身份分管基金会工作，理事长是我的社会工作，我要尽职尽责。他不顾年事已高和国事繁忙，仅1988和1989两年就参加基金会各种活动十余次。1990年8月7日，王震顶着烈日酷暑来到全国优秀教师北戴河"园丁之家"活动的教师中间，代表党和国家感谢教师们在教育园地里的辛勤耕耘。当王老毕恭毕敬地向全体教师深深鞠躬表示慰问时，教师们心潮澎湃，许多人热泪盈眶。王老以他博大胸怀和谦逊的态度，赢得了广大教师的爱戴和尊敬。

当我们欣喜尊师重教蔚然成风，教育事业蓬勃发展的时候，就更加缅怀尊敬王老。是他老人家，为推动全社会形成尊重知识、尊重人才、尊师重教的良好社会风气，倾注了大量的心血，为全党和全国人民树立了一个尊师重教的光辉典范。

战士张川的尊师情

没有自我教育就没有真正的教育。这样一个信念在我们的教师集体的创造性劳动中起着重大的作用。

——霍姆林斯基

张川是老山前线一等战功荣立者。1980年考入陆军学校学习，1984年4月在老山前线作战中负伤致残，1989年被华东师范大学破格录取，在政教系学习。

老师在他的心目中占据了重要位置，不仅因为这个名字崇高，受人尊敬，而是在他的成长道路上倾注了老师的辛勤汗水。

在学生时代，他幸运地结识了对他的人生旅途起了重大转变作用的老师——高中时代的班主任、昆明23中(现昆明师专附中)的陶秀文老师。张川年幼时曾沾染上许多恶习，成了学校里赫赫有名的学生，上课是三天打鱼两天晒网，打架斗殴总少不了他。老师们一提起他就摇头。父亲的棍棒、训斥，母亲的疼爱、劝教，并未触动他的心灵。学校一度认为他秉性难改，勒令他退学。家里想给他转学，却找不到收留他的学校。后来昆明23中收留了他，有的班主任不愿收他，最后找到了陶秀文老师。陶老师看了他的转学鉴定，考虑了片刻，认真地说："我要了。"第二天，她告诉张川："我姓陶，以后就叫我陶老师好了，欢迎你到我们班级来。"说着，伸出温暖和友谊的手，拉着他说："走，我带你到班级熟悉一下。"一股暖流沁入他的心间。是老师的手将他从迷途中拉回，是老师的手帮他从苦恼中摆脱出来。在陶老师的耐心培养下，高中毕业时他入了团，迈出了人生的第一步。

1978 年毕业后，他参加了工作，又是在陶老师的鼓励和帮助下，1980 年他报考了军事院校。在复习迎考中，陶老师到处为他搜集复习资料，找老师给他单独补课。高考发榜了，他被录取了，穿上了军装跨进了军校的大门。这期间，师生的情谊更进了一步。节假日他总要抽时间去探望老师，他把老师当成自己的母亲，老师也对他视同自己的亲生儿子。

1984 年 4 月，他在老山前线参加战斗的前三天，收到父亲托人捎来的一封家信，附上了老师写给他父母的安慰信。他被老师的话所感动。老师说："请相信我们一家在任何情况下都是和你们一家一样的——做他的坚强后盾。"4 月 28 日，张川在老山作战中负伤致残，年仅 20 岁就失去了右手。在医院治疗期间又得到了老师的安慰和鼓舞，信中说："你是不幸中的大幸，比起你身边倒下去的战士，难道你不感到还是幸运的吗？"她还给他介绍了几本书，其中《永不掉队》一书，写的是第二次世界大战后一位在战争中失去胳膊的苏联军官，为了在战后参加建设刻苦学习，做一名永不掉队战士的感人故事，对他教育很深。老师还用萧军说过的一句话鼓励他："当一个人以必死的精神活下去时，他是什么困难都能战胜的。"他很快摆脱了自己感情的羁绊，开始用左手拿起笔来从头练字，重新工作，用左手去谱写自己的人生。

战后，张川所在的连队被中央军委授予"老山英雄连"称号，他也荣立了一等战功。

梅纽因和他的老师埃奈斯库

> 教是为了不需要教。……就是说咱们当教师的人要引导他们，使他们能够自己学，自己学一辈子，学到老。
>
> ——叶圣陶

梅纽因是美籍著名小提琴家，同时又是世界著名的音乐教育家。他所创办的梅纽因音乐学校，培养了许多闻名世界的小提琴演奏家，他的学生遍及世界五大洲。

同世界上许多音乐家一样，梅纽因从小就在家庭中沐浴了正规的音乐教育，他还先后跟随四位小提琴教师学习过。其中，对梅纽因影响最大、最深远的是乔治·埃奈斯库。

1926 年，梅纽因跟随父母来到巴

黎求教于埃奈斯库。当他们一家人敲开了埃奈斯库家的大门时，正好碰上埃奈斯库准备外出办事。他们说明了来意，埃奈斯库马上声明他从来不教私人学生。这时，梅纽因却执意不肯离去，用恳求的语调对埃奈斯库说："先生，您可以在收拾东西的时候，听一听我拉小提琴，我绝不耽误您出门办事。"说着，他就站在门庭前，拉了一曲简短而又明快的乐曲。埃奈斯库被美妙的琴声吸引了，他从眼前这个执著求学的孩子身上发现了坚强和直率的品格，同时也被孩子天真烂漫的天性感动了，他无法拒绝孩子的请求，于是笑着对梅纽因说："小家伙，你胜利了，明天你再来吧！"第二天，当埃奈斯库认真地听完梅纽因的演奏之后，立刻喜欢上了这个孩子，并决定免费为梅纽因上课。

从此，梅纽因跟随埃奈斯库学习小提琴多年，从埃奈斯库身上，他不仅学习了小提琴的演奏技艺，而且学到了许多优良的品德。从梅纽因的谈话记录中，可以多次看到他对恩师埃奈斯库的赞美之词："埃奈斯库给予我的影响是多方面的。他慷慨大方的天性，以及他那种无拘无束的自由感，都对我产生了影响，……埃奈斯库对待别人，不管是大人或小孩，不管是赫赫有名的大人物还是平民百姓，他总是给以同样的尊重，而且，对待任何事物都显得十分大方……"

梅纽因不仅把埃奈斯库看成是自己的老师，而且把他看成是自己的第二个父亲。1954 年，当梅纽因得知恩师瘫痪的消息后，他专程赶到罗马尼亚去看望。师生两人这次的会面是令人难忘的，当梅纽因就要离开时，埃奈斯库觉得如同与生活告别一样，他将自己最心爱的圣·赛拉菲姆手制小提琴送给梅纽因作为临别的纪念，并嘱咐他要好好保存。梅纽因与埃奈斯库之间如此深厚的情意，只有父子之情才能比。

梅纽因永远铭记恩师的教诲，他把恩师对自己的深情，又送给了他的学生，也献给了世界上所有的老师和学生……

阿普顿尊重爱迪生

教师常常忘记，品德首先是在人们相互交往中形成的。伟大的义务感，只有当它能在生活实践的每一步中得到生动体现时，才能成为人的行为准则。在培养未来的一代人时，我们应当首先在个人领域，即在青年人靠良心的驱使而产生并得到控制的相互关系领域里，培养最纯洁，最富有人道主义的情感。

——苏霍姆林斯基

阿普顿是美国普林斯顿大学的高才生，毕业后被安排在当时已经成为科学界著名的发明家爱迪生身边工作。

爱迪生出身贫寒，小时候以卖报为生，他是靠自学登上了科学殿堂的。而阿普顿出身名门，又是著名高等学校的佼佼者，由于受当时门第观念的影响很重，对被安排在爱迪生身边工作很不以为然，有时还对自己的老师表现出一种傲慢蔑视的神态。

有一次，爱迪生在一项实验研究中，需要一个数据，就对阿普顿说："请你帮助我把那只梨形玻璃器皿的容积算一下，我等着用这个数据。"

阿普顿点点头答应了，他想：这么简单的事，一会儿就可以算出来了。他不假思索地拿起尺子，把梨形玻璃瓶上下量了几遍，然后按照尺寸画出了器皿的草图，又列出了算式，开始计算。谁知算来算去，一连换了许多计算方法，时间过去了两个多钟头，还是没有算出来。这个当初他看起来很简单的问题，竟然把他难住了，他急得满头大汗，狼狈不堪。

爱迪生在实验室里等久了，仍不见阿普顿把数据送过来，心中十分纳闷，便走到阿普顿的工作间，只见他正对着桌子上几张纸上的密密麻麻的算式发愁。爱迪生拍拍阿普顿的肩膀，微笑着对他说："你这种计算方法太浪费时间了。"

阿普顿不悦地说："不这样算，您说该怎么算呢？"

爱迪生拿起了梨形玻璃瓶，把它装满了水，然后递给阿普顿，说："你把这瓶中的水倒进量杯中去，看看它的体积刻度，那就是我们所需要的数据。"

阿普顿茅塞顿开，没想到他自己耗尽脑汁花了两个多钟头也没有算出的数据，却让这位平时自己看不起的老师几分钟就解决了。他满脸通红，十分难为情，默不作声地按照老师的要求去做了。

从这件事以后，阿普顿受到了深刻的教育，彻底地改变了自己的门第观念，从不尊重老师，转变为敬佩和爱戴自己的老师。在后来与爱迪生一起工作的日日夜夜里，阿普顿在老师渊博的学识和求实的治学态度的熏陶下，学业有了很大的进步，成了爱迪生的好学生和好助手。

居里夫人敬重老师

> 教育是知识创新、传播和应用的主要基地，也是培育创新精神和创新人才的摇篮。
>
> ——江泽民

玛丽亚·居里夫人，原籍波兰，是法国著名的物理学家和化学家。她曾于1903年与居里·柏克勒共同荣获诺贝尔物理学奖，1911年她又荣获了诺贝尔化学奖。

1913年的一天，波兰的华沙放射学院举行成立大会，居里夫人应邀前往祝贺。波兰妇女界为她举行了盛大的欢迎宴会，居里夫人成了贵宾，鲜花和掌声包围着她。

忽然，居里夫人在众多的来宾中，发现了一位满头银发的老人，她激动地站了起来，离开了贵宾席，赶忙走到老人跟前，伸出双手，将老人紧紧地抱住，一边亲吻着她的双颊，一边嘴里不停地说："我一直十分想念您，斯克罗斯校长！我以为您没有时间来的，可是您还是赶来了，能在这里见到您，我感到特别高兴，太谢谢您了。"

老校长斯克罗斯望着自己昔日的学生，今天世界著名的科学家，激动地流下了眼泪，她紧紧地握着居里夫人的双手，不停地说："好样的，玛丽亚！好样的，玛丽亚！"

老校长的话，一下子勾起了居里夫人对往事的回忆。

那还是在居里夫人的童年时代，当时她的祖国波兰正被沙皇俄国统治着，从小学开始就要读俄国书、讲俄国话，忍受俄国督学的凌辱。

有一天，年轻的校长斯克罗斯正带着孩子们在学校的花园里上植物课，她用波兰语给孩子们讲有趣的植物学知识。忽然，身后传来了俄国校监恶狠狠地吼叫声："斯克罗斯校长，你应该用俄语讲课！"听到这可怕的叫声，孩子们马上紧张起来，他们生怕自己热爱的老师遭遇不测。这时，玛丽亚捏紧了小拳头，紧紧地靠在校长的身旁。校长十分镇定地看了校监一眼，一句话也没说，就带着孩子们走进了教室。等把教室的门关好以后，孩子们马上围住了校长。斯克罗斯眼里充满了泪水，她鼓励孩子们说："不要害怕，同学们。我们总有一天会自由的。你们要好好念书，要学到真本领，将来要为祖国争光！"

校长的话深深地刻在了玛丽亚的心里，她忘不了斯克罗斯校长那双满含泪水的双眼，忘不了她对大家的殷切希望。

一阵热烈的掌声，把居里夫人从回忆中唤醒，她无限感激老校长的教诲，于是，居里夫人一手搀扶着老校长，一手举起酒杯，对大家说："尊敬的主人，尊敬的来宾们，我提议为用真诚、勇敢和智慧教育过我的斯克罗斯校长干杯！"

"干杯！"

在场的人们都被居里夫人尊师的热情感动了，大家热烈地响应着，频频举杯，向老校长祝贺，祝她健康长寿。

佐柯白教子尊师

> 有师法者，人之大宝也。
>
> ——荀子

德国著名化学家阿道夫·冯·贝

耶尔是约翰·佐柯白陆军中将的儿子。约翰中将虽然一生的大部分时间在军旅中度过，但仍对自然科学始终充满着浓厚的兴趣。中年后，他才有机会系统学习自然科学知识，后来竟然也成为一名学有专长的著名学者，76岁时还担任了柏林地质研究院院长之职。

贝耶尔的成长，深受父亲约翰的影响。父亲50多岁了，整天还在刻苦地学习。为了完成学业，他不能常在家中与妻子、儿子共享天伦之乐。父亲苦学不懈的精神深深地感染了贝耶尔，他决心要像父亲那样，生命不息，学习不止，要努力攀登科学事业的顶峰。

在父亲的影响和指点下，贝耶尔学业进步很快，他以优异的成绩考入了著名的柏林大学。

一天，贝耶尔与父亲谈起他的老师威贾石教授，父亲不厌其烦地一再提醒儿子要虚心向这位著名的化学家求教。贝耶尔有点不以为然，随口就说："他只不过比我大6岁……"父亲立刻严厉地打断了他的话，说："难道只大6岁就不值得你学习了吗？我开始系统学习的时候，老师要比我小30多岁，我能因此就不向老师学习了吗？"贝耶尔自觉失言，红着脸低下了头。父亲的教诲，他刻骨铭心。从此他更加勤奋地学习，虚心地向一切有专长的人求教。当他向别人谈起这件事的时候，无不感慨地说："父亲对我的教训这是最深刻的一次了！"

1858年，年仅23岁的贝耶尔就获得了柏林大学的博士学位，是同时获得博士学位的人中最年轻的一个。年迈的老父亲参加了授予学位的盛典。典礼结束之前，校长走到贝耶尔身边，亲切地问："年轻的博士，今后作何打算啊？"贝耶尔回头望见父亲正以深情的目光注视着自己，他毫不犹豫地快步走到自己的老师威贾石面前，紧紧地拉着老师的手，大声说："教授，让我紧跟着您，步您的后尘吧！"在场的人们，对他的铮铮话语报以热烈的掌声。看着这一情景，两鬓斑白的老父亲流下了激动的热泪。

贝耶尔没有辜负老师的培养和父亲的厚望，一生都在不知疲倦地学习，以毕生的精力从事他的科研项目。他首次揭示了靛青、天蓝、绯红三大基本染素的分子结构。1905年，以他在有机染料和芳香剂研究方面的卓越贡献，获得了诺贝尔化学奖。

斯维德伯格对校长的尊重

> 为师之务，在于胜理，在于行义。
>
> ——《吕氏春秋》

西奥多·斯维德伯格是瑞典著名的物理化学家，荣获1926年诺贝尔化学奖。他能获得如此辉煌的成就，是与少年时代的一位老校长对他的教诲分不开的。

斯维德伯格出生在瑞典的港口城市耶夫勒，他的父亲是一家造纸厂的经理。他和他的几个哥哥少年时代就在造纸厂附近的一所学校里读书。学校的校长是他家的亲戚，也是一位非常尽职尽责的好校长。平时，他对学生管教极其严格，对斯维德伯格兄弟也不例外，他希望他们兄弟几个好好学习，将来能有所作为。不料事与愿违，这几个孩子都不争气，而斯维德伯格更没有出息，几乎门门功课只能勉强及格。校长想尽了办法引导教育，也没有什么效果。

一天，斯维德伯格又遭到校长的严厉批评。校长当着许多同学的面，指着他父亲开办的造纸厂，毫不留情地痛斥斯维德伯格说："瞧着吧，20 年后，这个造纸厂就要倒闭在你的手里！"校长一席话，羞得斯维德伯格满脸通红，他当时心里对校长气愤极了，发誓再也不愿见到这位校长了。第二天，他就悄悄地转到斯德哥尔摩去上学了。

生性倔强的斯维德伯格在受到校长的严厉批评后，就下定了决心，痛改前非，一定要干出一番成就来，以"回击"校长对自己的批评。从此，他以顽强的意志刻苦地学习，学习成绩飞快上升。不久，他考上了乌普萨拉大学，后来又到荷兰的格罗宁根大学和英国牛津大学进修。在大学里，他继续发愤不已，学习成绩一直很出众。斯维德伯格在 24 岁时就获得了博士学位，并在胶体化学的研究上做出了突出的成绩。

1923 年，39 岁的斯维德伯格受聘到美国威斯康星州大学任教授，成了举世仰慕的科学家。正在这时，他的哥哥给他拍来一份电报，告诉他老校长病危，想见他最后一面。斯维德伯格立即回电，说他马上就赶回家乡。当他风尘仆仆回到家乡时，老校长已经病逝了。人们告诉他：奄奄一息的老校长看到他的回电时，脸上顿时露出了笑容，然后慢慢地合上了眼睛。听了这些话，斯维德伯格放声痛哭，悲痛之极。在安葬老校长时，他怀着极其崇敬的心情说："老校长，假若没有您当年的一番批评，哪会有我的今天？我今天的全部成就，都是您的赐予！"老校长成了斯维德伯格心目中最感激和最热爱的人！

1926 年，当斯维德伯格走上诺贝尔奖金的领奖台时，又当众讲述了少年时那段令人难以忘怀的经历。

不负师恩

BU FU SHI EN

范缜以师为父

> 事师之犹事父也。
>
> ——《吕氏春秋·劝学》

范缜是南朝齐、梁间的思想家。舞阴(今河南泌阳)人。是晋朝安北将军范汪的后代。祖父范璩之曾傲中书郎,可以说出身于书香门第。可是父亲去世很早,使家道中落,生活的艰辛,形成了他的叛逆性格,也增加了他克服困难的勇气。

他刻苦学习,博览群书,不仅学习儒家、道家学说,也学习法家、墨家学说。正因他广泛涉猎群书,加上他的性格,不随波逐流,喜欢独立思考,所以他接受了古代朴素的唯物主义世界观。

19 岁,他拜刘献为师,成为刘献的得意门生。刘献喜欢他刻苦钻研、打破砂锅问到底的精神。经常对他个别教育,解答疑难问题。师生一谈就是一个长夜。

范缜 20 岁了,按当时的习惯举行冠礼。常规做法是:由父亲把他的头发束起来,举行仪式,表示他已长大成人。互相道喜。可是范缜幼年丧父,这冠礼就由老师刘献代替父亲给他束发。同学们也都来祝贺。刘献以师代父,对范缜鼓舞很大。他虚心学习,学业大进,终于写出了继王充之后的唯物论巨著《神灭论》,无情地抨击了王公大夫无人不言佛、道鬼神的迷信浊流,对发展唯物主义思想起了积极作用。

云敞葬师

> 不师者,废学之渐也。
>
> ——《吕衡州文集·与族兄皋请学春秋书》

汉朝云敞,字幼儒,平陵人,他师

从一代名儒吴章学习儒学，对老师非常地尊敬。吴章是《尚书经》的博士，追随他求学的学生达一千多人。

西汉末年王莽专政，引起全国上下的不满。他横征暴敛，刑罚严苛，给百姓摊派了繁重的赋税和徭役。他毒死汉平帝，自称帝王，滥加封赏，又不断挑起对匈奴地区以及东北西南各族的战争。人们对他的不满情绪日渐高涨。王莽篡政，逼令汉朝皇帝的母亲以及皇后外家留住中山，不得到京师来面见皇上。

王莽的长子王宇深表不平。想到孔子所说的"为仁由己，而由人乎哉"，王宇决定挺身而出，仗义执言。他去向他的老师吴章求教，商讨如何能够遏止王莽的种种恶行。吴章认为，王莽此时怙恶不悛，一意孤行，而且大权在握，他是无法听得进任何人的规劝的。他做事狠戾凶残，不循从道德良心做事，而且又喜欢装神弄鬼，对鬼神灵异的那些神神怪怪的说法深信不疑。所以不如就顺水推舟，搞一些鬼怪的神异事件来吓唬吓唬他。再套用那些歪理邪说，说明他已经众叛亲离，天怒人怨，连上天都将要降下大祸于他，从而逼他退位，永绝后患。王宇觉得这个办法很好，于是就派吕宽提着一桶血，在半夜三更四下无人的时候，把红惨惨的血水泼洒在王莽的大门上。仿佛是鬼神留下的诰谕，希望他迷途知返，不要再为非作歹、滥杀无辜。然而吕宽的行为，却被守夜的门卫查知，事情很快就败露了。丧尽天良的王莽，不但亲手害死了自己的儿子，而且对怀有身孕的儿媳，也痛下了毒手。不但如此，王莽还诛杀了皇后的娘家卫氏家族的族人，并借机铲除异己。

在这次事变中，被无辜害死的人达一百多人。身为儒林领袖，吴章为他常怀于心的道德节义，用生命的代价，写下了最为重要的一笔，他威而不屈坦然就义，最终被王莽下令施以酷刑。残忍至极的王莽派人将他的肢体一节一节地割下，腰斩于东市门外。孔子说："仁远乎哉？我欲仁，斯仁至矣。"读书人敢为天下先的志节，正是吴章对奉持一生的儒家之道所作出的美壮绝伦诗篇般的注解。

吴章是一代大儒，追随他的弟子达一千余人之多。王莽认为他们全都是同党同伙的恶人，要全都禁锢关押起来，其中更不允许有任何人留在朝廷中做官。谁都清楚王莽的做派，连自己亲生儿子都敢痛下毒手的人，还有什么事情做不出来？为了躲避突如其来的横祸，也为了继续保有仕途上的光明前程，吴章的学生们开始在朝野中，公然宣称自己不是吴章的学生，而早已师从其他某某人，早就不在吴章门下了。当时云敞官居大司徒掾，老师的惨死使他悲伤欲绝。每每想起老师深切的爱护和不倦的教导，那师徒如父子般至亲至爱的天伦之情，和老师那道义浩然的举手投足、一言一动，不住地在他的脑海中盘旋荡漾。老师终其一生守仁守义直到尽处，他笃行不怠的言传身教，长长远远地活在了学生的心中，纵使历经岁月流逝也永远都不会消失。云敞决心挺身而出，为最为敬爱的老师，谨守为人学生的一点微不足道的情义。当时正值风雨飘摇、局势动荡的剑拔弩张之时，云敞一路哭号跪拜着来到老师体无完肤的尸首前，肝肠欲碎。他大呼着自己就是吴章的学生，他悲切的哭声蕴含着对老师至深的追念，他将老师的尸首一块一块小心翼翼地包好，护在自己的怀中，泣不成声举不成步地哭号着回去。他不畏惧天下的人都知道他是吴章的学生，他不畏惧自此而后他就是冲在最前方的恶党与罪魁，他只知道老师坚守仁义直到尽处，而他自己终生实践的正是老师最深切的教诲。云敞公然按照师礼把老师的尸首敛棺而葬，他悲切的哀号之声倾动了朝野，使整个京师的人都为之瞩目。车骑将军王舜被他的义行深深感动了，他赞美云敞就如同栾布一样地有情有义，并推荐他为中郎谏大夫。云敞屡屡以生病为由，避隐在家终老余生。

千百年来，云敞成为了学生承事老师，忠义绝伦的典型模范。曾经有一首古老的谣谚这样地写道："沧浪之水清兮，可以濯我缨，沧浪之水浊兮，可以濯我足。"这正是说，政治清明的时候，读书人可以振缨而仕，到了乱世之世，则可以抗足而去。孔子说："三军可夺帅也，匹夫不可夺志也。"读书人坚勇的志节，往往正是在力敌万夫的危难关头，表现得甚为壮烈，他坚韧不屈、坚忍不拔，一直把为人应有的道义尽到了极处。

礼震才请求替师受刑

> 一日之师，终身为父。
>
> ——关汉卿

欧阳歙是西汉初年著名的学者。其先祖为欧阳生。

秦王嬴政统一六国后，建立起专制主义的中央集权政治制度。为了钳制人们的思想，曾焚书坑儒。博士伏生冒杀头之祸，把《尚书》保存下来，并把《尚书》又传给了欧阳生。

欧阳生把《尚书》传给他的子孙。传到第八代是欧阳歙，并形成了欧阳"尚书派"。由于这一派是得到伏生的真传，在社会上很有地位，拜欧阳歙为师的有千人之多。

欧阳歙学识渊博，为人忠诚老实，对学生呕心沥血，循循善诱，非常受学生的爱戴。但发生了一件不幸的事儿，欧阳歙获罪下了监狱。他的学生听说了，纷纷到洛阳皇宫门前请愿。有时多到千人。可是朝廷却不闻，不问、不放。

平原郡有个青年叫礼震才，听说老师被判处了死刑，非常难过。连夜赴京师。走到半途，他让人用绳子把自己捆起来，托人把他送到洛阳监狱，坚决要求自己替老师受刑。监狱看守说："古今中外还没见过这种事，我们不敢做主。"这样他就给皇帝上书，要求替师受刑。他的奏稿这样写道："我的老师欧阳歙是学界宗师，世传八代博士。他的儿子年纪尚小，尚不能继承欧阳博士的学业。博士死后，《欧阳尚书》将失传。如果这样，陛下岂不是背上了杀戮贤臣的罪名，而学界从此也将失去最好的导师。这将是学臣无法弥补的损失。我恳请陛下能允许我顶替欧阳老师的死罪……"

可惜表章呈上后，待批期间，欧阳歙就病死在狱中了。礼震才坚决要求替师受刑，却传为千古佳话。

颜真卿拜张旭为师

师者，人之模范也。

——（汉）杨雄《法言·学行》

在中国书法艺术中，"颜体"是人们所喜爱的一种字体。它刚劲、端庄、流畅。这种字体是唐代书法家颜真卿经长期摸索而创造和形成的。

颜真卿少年时家境贫寒，买不起纸笔，但他勤奋好学，常用黄土在墙上练习写字。

为了学习书法，颜真卿起初向褚遂良学习，后来又拜在张旭门下学习。

张旭是唐代首屈一指的大书法家，善写各种字体，造诣很深，尤其擅长草书。颜真卿希望这位名家能把全部本领都传授给他。

但是，拜师已好几个月了，老师却很少给他讲什么，只是常将自己书写的字和历代名家的字迹给他看，要他"倍加工学"，反复揣摩，并要他多多领悟自然万象，从中探求启示。求学心切的颜真卿越想越着急，他找到张旭，要老师把行笔落墨的诀窍传授给他。张旭被弄得又好气又好笑。看来颜真卿是希望能找到一种不用力气就能成功的捷径，可是这样的"秘诀"是找不到的。他耐心地开导颜真卿，给他讲述晋代书圣王羲之教儿子王献之练字的故事，最后严肃地说："学习书法要说有什么'秘诀'的话，就在于苦学。记住，不下苦工的人，永远不会有任何成就。"

老师的教诲，使颜真卿受到很大启发。从此，他再也不去寻找什么捷径了，而是扎扎实实地埋头勤学苦练，不仅在书法上大有长进，而且明白了为学之道。他废寝忘食，发愤攻书，终于成为大书法家，并在开元年间考中进士，后来官至吏部尚书、太子太师，封鲁郡公。

文天祥效师英勇就义

十年树木，百年树人。

——《管子·权修》

文天祥，是一位大义凛然的民族英雄，他的英名，他的事迹，早已彪炳于史册。他写下的《过零丁洋》、《正气歌》、《指南录序》和《后序》等诗文，数百年来为人们所传诵，他的爱国主义精神一直鼓舞着后来人。

文天祥的家乡在吉州庐陵（今江西省吉安）。二十岁时，曾进白鹭洲书院就读。这个书院的首创人叫江万里，他是江西都昌人，曾在朝廷里做过一段时间的左丞相。他为官清廉、正直，名声很大。江万里任吉州地方官时，在城东的白鹭洲上造了一所书院，名为白鹭洲书院，并亲自主持讲学。文天祥最崇拜他的老师江万里。

江万里生性耿直，遇事敢于直言，皇帝虽然对他“眷注尤厚”，但奸相贾似道却“恶其轻发”。所以，江万里几度入朝做官，都不能久在其位。由于皇帝无能，军国大事，几乎全被贾似道一人操纵。

文天祥同他的老师江万里一样，由于对待奸相贾似道的态度不好，一再被排斥，而遭到弹劾去职。

1273 年，文天祥任湖南提刑，江万里正做湖南安抚使，他们在长江见面，一起议论国家大事，不免感慨万分。江万里语重心长地对文天祥说：“我已很老了，但依我看，将来的世道必然会有大的变化，改变这一世道的责任，大概就落在了你等的身上了，你一定要努力啊！”

他把挽救国家危局和命运的希望，全部寄托在赤胆忠心的后辈人的肩上。

江万里的一番话，深深地铭刻在文天祥的脑海里。在他的心目中，江万里始终是一位值得敬重的老师，是足以效法的忠公体国的大臣。这一席话，对文天祥以实际行动投入救亡斗争，产生了巨大的影响。

江万里不能像文天祥那样奔走呼号，组织义军，却抱定了以身殉国的决心。

襄阳、樊城相继陷落，江万里特地在江西饶州自己府第的后圃中，凿了一口池子，题曰：“止水。”江上的警报一到，他拉着一个门人的手，道出自己的由衷之言：“形势已经无可挽回了，我虽然不是当官的了，但也应该与国家共存亡。”

元兵进城时，江万里投池殉国。在他的感召下，他的手下人和儿子都相继自杀，他的弟弟江万顷则被元兵杀死。国破家亡，满门忠烈。

此时，文天祥已被元朝当局囚禁在大都狱中，正进行不屈的斗争。老师以身殉国的消息辗转传来，他不胜悲恸，痛惜不已。他一生最仰慕的是那些忧国忧民、刚直不阿的忠臣。老师的死，震撼着他的心，他要效法老师，斗争斗争。

两年后，他终于神色自若地走向刑场，英勇就义。

唐寅学画

> 择师，不可不慎也。
>
> ——《礼记·学记》

唐寅，字伯虎，明朝著名的画家、文学家，吴县(今江苏苏州)人。唐寅从小聪明过人，不仅读书作文一般人比不上，画也画得好，山水、人物、花鸟、松石，都画得活灵活现，连当地一些很有名望的人也请他作画。这样一来，唐寅就以“神童”自居，自以为了不起，学习也不肯吃苦了。母亲看着儿子年纪轻轻就骄气凌人，长此以往十分危险，就让儿子打点行李，到大画师沈周那里拜师深造，学习绘画。沈周早年也以“神童”享誉江南。八岁即游学南都，做百韵诗献给巡抚侍郎崔恭，受到赏识。沈周看小唐寅一表人才，高兴地收下了这个徒弟。每日朝夕教习，唐寅进步很快，学了不久他的画就画得很不错了，得到很多人的称赞。一年下来，唐寅拿自己的画偷偷地跟老师的去比，不论是画技还是画法，都认为已经没有任何差别了。唐寅暗想：我学习画画已经一年多了，母亲一定很想我。现在我已经画得和老师差不多了，也该回家看看母亲了。唐寅就买了很多礼品去见老师，向老师请假。沈周什么也没说，只说要为唐寅饯行。

到了送行那天，沈周准备了很多饭菜。等唐寅吃过之后，把他带到了一间屋子里。唐寅进门一看，发现这间屋子的位置很特别，布置也很有特色，屋子四面都有一扇门，从每扇门望出去都会看到花园。花园的景色非常美，有的是红花绿柳，有的是小桥流水，有的是曲径通幽，还有的是花团锦簇。唐寅心里很纳闷：我在老师家待了这么长时间，怎么没有发现这样一个好玩的地方。于是，他就想从离他最近的那扇门进入花园。可他刚一迈步推门，门不仅没推开，人却被撞了回来，他忙又去推第二扇门，结果又被撞了回来，连开三个门都碰了一鼻子灰。唐寅着急地说：“老师，这些门都锁着，我怎么出去观景呀?”沈周笑着对他说：“你走上前去摸一摸，仔细看看是上了锁吗?”唐寅赶紧走上前一摸，这些哪里是门和花园呀，都是一幅幅老师画的画，挂在了墙壁上。唐寅的脸一下子羞得通红。他转过身来，扑通跪在老师面前，说：“老师，请您原谅学生的无知吧！我不想回家省亲了，我要留下来继续跟您学习。”

沈周把唐寅扶起来，将唐寅送的礼退还给他，语重心长地说：“尊重老师不只是表现在礼仪上，更重要的是要根据老师的教导去做，你浅尝辄止，怎么能学到更高深的画技呢?”此后,唐寅为了学习画技,就在老师的小屋旁边建造了一座同样的小屋,一天到晚揣摩老师的画,画了一遍又一遍,遇到不懂的就请教老师。沈周有一次说:“唐寅呀,学画可不能光临摹哟,我的小屋无窗,你可不能也无窗噢!”唐寅一想也对,就把门窗都画上。花开花落,秋去冬来,不觉三年过去了。春节将至,唐寅出去买了些鱼和肉,和师母一起做好,端到自己的小屋里。唐寅请老师沈周和师母坐首座,自己斟酒,感谢老师的辛勤教诲。忽然一只猫从门外窜进来跳上桌子,唐寅“啪”地一掌打去,那猫儿纵身一跳,想从“窗户”逃出去,不料刚到窗口就摔了下来,它连跳三个窗口,都没有逃出去,最后还是从大门跑了。沈周一见,哈哈大笑道:“唐寅呀,功夫不负有心人,你该回家看你母亲了呀!”

唐寅辞别老师,回家探望母亲,此后,他又继续苦练,终于成为与沈周、文徵明、仇英并驾齐驱的明代四大画家之一。

李大钊和他的老师

> 要想学生好学,必须先生好学。唯有学而不厌的先生才能教出学而不厌的学生。
>
> ——陶行知

李大钊少年时期就胸怀救国大志,为了寻求革命的真理,他 18 岁时考入了天津法政专门学校,以求从研究政理中探求救国良策。

在这所学校里,李大钊最钦佩的就是白亚雨老师。白老师教史地课,他常在课堂上滔滔不绝地讲授历代的兴亡史,严厉抨击清末统治者的腐败和无能。他那渊博的知识,鲜明的爱国热情,给人留下了深刻的印象,在学生中享有很高的威望。他团结了一批有革命志向的青年,李大钊就是其中的一员。

1910 年,天津学生为要求清政府设立国会举行罢课。满怀爱国激情的李大钊也参加了。白亚雨老师却不赞成这种改良主义的立宪请愿运动。他认为,必须推翻清政府,建立共和,国家才有希望。这种彻底革命的思想对青年李大钊产生了很大影响。

1911 年 10 月,武昌起义爆发,李大钊和同学们欣喜万分。接着又传来白亚雨老师亲自领导滦州起义的消息。原来白老师早已加入同盟会,为革命四处奔走,从事运送军火、联络军队的秘密使命。现在革命烽火已经点燃,白老师投笔从戎,直接参加了反清的武装斗争。

不幸的是白老师因起义失败而被捕。在刑场上,他立而不跪,昂首宣称:“此身可裂,此膝不可屈。”表现了革命党人大无畏的英雄气概。

李大钊对为革命而献身的白亚雨

老师从不忘怀。他常吟诵老师就义前写下的感人诗句:"慷慨赴死易,从容就义难。革命当流血……魂随日月旋……希望后起者,同志气相连。"

李大钊正是先生所期望的"后起者"。在白色恐怖下,他担任党的北方区书记,英勇地领导了北方的革命运动。发展了党的组织,壮大了革命队伍,为中国人民的革命事业作出了巨大的贡献。反动派对他怕得要死,恨得要命,下令逮捕了他。1927 年 4 月,年仅 38 岁的李大钊被奉系军阀杀害于北京。临刑前,李大钊从容地走上绞刑台,发表了最后一次有战斗力的演说:"不能因为你们今天绞死了我,就绞死了伟大的共产主义!""我们深信,共产主义必将获得光荣的胜利,将来的世界必定是红旗的世界!"

李大钊和他的老师白亚雨先后被反动派杀害了,然而他们所信仰的事业却取得了伟大的胜利。他们的死是光荣的、壮烈的,他们的英名将永远与事业共存。

齐白石不负师恩

> 动人以言者,其感不深;动人以行者,其应必速。
>
> ——李贽

齐白石(1863—1957),名璜,字滨生,号白石,是我国著名书画家、篆刻家。

齐白石生于湖南湘潭县白石铺一个贫苦农民家里。由于家庭生活困难,他只读了半年私塾就不得不中途辍学,做了木匠。但他非常喜欢画画。为雕花找花样,在一个偶然的机会,他借到一部残缺的《芥子园画谱》。书有了可是却无人指教,这使他产生了更加强烈的学绘画愿望。夜间常常独自一人在昏暗的桐油灯下,照着画谱认真临摹,往往是整夜不眠,这使他初步掌握了水墨画的一些技巧。

1889 年春节过后的一天,二十七岁的齐白石在帮邻乡雕制嫁床时,巧遇书画家胡沁园老先生。胡先生慧眼识英才,他看过齐白石作画后,认为齐白石将来会大有作为,便破例决定收齐白石为徒。

齐白石多年学绘画的愿望,没想到竟这样实现了,他欣喜得不能自禁。经与家里商量,半个月后,在一个春雨濛濛的中午,齐白石打着一把雨伞,穿着一双草鞋,从四十里外的白石铺来到韶塘,上胡家正式拜师。拜过孔子后,齐白石便拜胡沁园和胡家聘请的家庭教师陈少蕃。

胡沁园喜爱书画,写得一手好汉隶,擅画工致的花鸟草虫,好写田园诗,在湘潭一带享有诗、书、画"三绝"的盛誉。因此他深知,掌握绘画技艺,没有一定的文化修养是不行的。所以他根据齐白石文化底子薄的弱点,先安排齐白石读诗书。

齐白石遵照胡先生的安排，第二天便开始跟陈少蕃老师读书陈少蕃这位饱学的先生也善于因材施教，他不教齐白石读八股文和经书，而是先教唐宋诗词，点读《唐诗三百篇》；并引导齐白石看小说。

齐白石由于文化基础差，常常在读书中遇到很多不认识的字。可他并没有因此灰心，而是边读书边识字，不分昼夜地发愤苦读，每天都要在昏暗的油灯下读到深夜。有时灯盏没油，就“自烧松火读唐诗”，经老师再三催促才肯休息。

这样勤攻苦读，加上齐白石惊人的记忆力和悟性，他很快背熟了《唐诗三百首》，研读了不少古人的诗文，还涉猎了《西厢记》、《红楼梦》、《聊斋志异》等古典文学著作，好多章节他读得滚瓜烂熟。

这年四月，一班文人聚会韶塘咏牡丹。初出茅庐的齐白石吟出了“莫羡牡丹称富贵，却输梨桔有余甘”的佳句，赢了老师的极口称赞，被人们广为传诵。后来，齐白石还和一班文学青年组成“龙山诗社”，被推举为社长。他写的诗别具一格，同辈们无不折服，自愧不如。

读书与画画，是齐白石心头上的两件大事，在这两个方面，他是齐头并进的。在胡沁园先生的指导下，齐白石从“立意”、“用笔”开始，苦练基本功，进步很快。但他并不满足于这些进步，而是想尽一切办法，寻找一切机会，向身边人学，向前人们学，博采众家所长。逐步走上了“以我少少许，胜人多多许”的道路，为后来独创门户，奠定了基础。

这样，在胡先生的悉心指导下，不到一年，齐白石便掌握了画山水、人物、花鸟的基本技巧。画出题为“琴书至乐图”和“浮湘望岳图”两轴山水画，显示出自己的艺术才能。胡先生在《题滨生琴书至乐图涛》中写道：“移石动云根，渌竹半含箨，相对亦忘畜，山村杏花落。”他的功力胡沁园盛赞为“已到云林境”。

绘画与篆刻、书法、吟诗是密不可分的。齐白石在绘画、吟诗之余，还着力于书法与刻印。当时腕平锋正的何绍基字体在湘潭一带颇为流行，胡沁园深为喜爱。在师傅的影响下，齐白石抛弃了柔媚的“馆阁体”，认真临摹研练何体字，很快掌握了它的精髓。在篆刻方面，齐白石听从朋友黎铁安的指教，挑一担南泉坤的楚石，随刻随磨，以雕花木工的腕力，勤摹勤刻，篆刻水平也达到了很高的水平。

后来，为解决作品的装裱问题，齐白石又拜师学装裱，掌握了从托纸到上轴的全套本领。

齐白石不负师傅的教导，在艺术上奋力进取，名满天下。可就在齐白石不断取得成功的时候。胡沁园老先生却与世长辞了。听到这一消息，齐白石悲痛欲绝，在师傅的灵前，抚棺恸哭。后来，以无比沉痛的心情写下十四首《哭沁园师》，七首绝句，一篇祭文和一副挽联。挽联写道：

衣钵信真传，三绝不愁知己少，

功名应无分，一生长笑折腰卑。

深沉地抒发了自己对老师所给予的“真传”的无限感激之情，盛赞了老师鄙薄功名的高尚品格。

齐白石又画了二十几幅画，亲自裱好，在师傅的坟地上焚化，慰藉老师的在天之灵。并一直将胡沁园先生的像供奉在自己的客堂里。

齐白石没有辜负老师的希望和教育之恩，一生献身艺术，辛勤耕耘，成为我国杰出的书画、篆刻艺术家，用毕生的成就，回报了恩师的心血的浇灌。

华罗庚不忘恩师

> 我能取得一些成就，全靠我的老师栽培。
>
> ——华罗庚

华罗庚（1910—1985），江苏金坛人。著名的数学家。他对近代数学的发展作出了卓越的贡献，在国内外享有盛誉。

华罗庚在老家金坛读初中时，得到数学老师王维克的特殊栽培。王老师学识渊博，不仅是一位出色的教育家，还是一位很有水平的翻译家。是他发现了华罗庚这个数学天才，并精心扶植和培育这棵数学新苗。华罗庚成名以后，曾深情地回忆说：“我能取得一些成就，全靠老师的辛勤培育。”

华罗庚对王维克老师非常敬重，对老师为自己花费的心血始终抱有感激的心情。他从没忘过自己的老师，时刻关怀着老师的工作和生活，表达诚挚的尊师之情。他觉得这是自己对老师应尽的一点心意。

1947 年，多年留学在外的华罗庚回国后，回故乡作学术报告，首先看望了王维克老师。1950 年，华罗庚从美国回到祖国，担任中国科学院数学研究所所长。当他看到王维克老师给他的信时，马上提笔复函，开头第一句写到：“归后，见书函盈尺，但不能不先复吾师……”那时王老师正闲在家中，华罗庚多次去探望。后来，他又推荐老师到商务印书馆担任编审员，使这位翻译家能为新中国贡献自己的才智。

1952 年，王维克不幸得了胃癌，病逝在金坛。华罗庚十分悲痛。他一面给陈淑师母写信表示哀悼，一面特意托亲属代他去灵前凭吊。此后，他一直像亲人一样热心地照顾陈淑师母及其子女的生活。

1980 年，华罗庚到江苏推广“优选法”与“统筹法”，又回到金坛老家。当记者问他此行金坛的主要目的时，他直言不讳地说：“我这次回金坛，第一件事是看望陈淑师母，第二件事是去母校看看。”他到县招待所，还特地把师母请来，用金坛话亲切地向师母问好，搀扶师母坐下，并让记者照下了那愉快的场面。当时的华罗庚已是70岁的老人了。

在这次相会中，陈淑师母把一本新版的王维克重要译著——但丁的《神曲》签上自己的名字，赠给了华罗庚教授。望着王老师的杰作，握着陈师母的手，华老激动地说：“谢谢，谢谢！这是王老师的心血啊！”

在全国人大的一次会议上，华罗庚指着自己说：“我愿意做一个攀登高峰的‘人梯’。”是的，王维克曾辛勤地培育了华罗庚。华罗庚继承了老师识才、育才、荐才的精神，又为社会主义祖国培养了一批批数学新秀，使“人梯”精神得到了发扬光大！

崔小萍不忘恩师曹禺

> 最有价值的知识是关于方法的知识。
>
> ——达尔文

曹禺，是台湾崔小萍的老师。

1989年春天，曹禺先生因病住院时，收到一封国立剧专21位毕业学生（在台湾）的来信。信中写道：“老师因身体不适住进医院，我们心里非常挂念，真诚地为老师祈祷，敬祝老师早日康复。学生们因工作羁绊，脱离不开，不能一一前去问候老师，心里感到无限歉疚，近期一有机会，一定推派代表专程赶大陆去看望您。”洁白的信纸，潇洒的行书，多姿的签名……令曹禺先生心潮澎湃！

转眼到了秋天，剧专六届校友崔小萍女士返回大陆探亲，在台湾的剧专校友纷纷托她一定要当面向曹禺先生问安。

一天下午，崔小萍女士带着台湾众多同学的祝福，到医院看望了老师曹禺先生及师母李玉茹。

曹先生身着病员睡衣，身体显得很虚弱。但当他听说是来自宝岛台湾的学生时，精神仍相当亢奋。

见到老师虚弱苍老的容颜，崔女士禁不住泪水夺眶而出。急忙奔上前去，握着先生的手，真情地说道：“老师，我早就想来看您了，现在终于能见到您了！”

“谢谢。”曹先生凝视着崔小萍女士，心里努力追忆着这位近半个世纪前的学生的样子。

崔小萍接着说道：“我来的时候，台湾的校友都托我向您请安！他们都非常、非常怀念您！我能回来见您，他们都非常‘嫉妒’，说我独占了会见老师的幸运。”

“我在台湾没有改行，教书、导戏、写剧本，还是按照您当年教给我们的内容去教学生。”

曹先生接道：“过时了，怕不

行了。”

“有一些演变,可主要内容永远有用,我就一直在用,有人把我看成是‘老派’,但我的戏一贴海报票就卖光了,只要观众欢迎就行。”

曹禺点头道:“观众是最公正的审判官。”

“老师,您的剧本《雷雨》、《日出》、《家》、《北京人》都非常受台湾读者欢迎。您的作品深刻,人们看后都觉大开眼界,非常钦佩,评价极高!”

崔女士把一批自己导演的戏的说明书送给了曹先生。见他似乎仍在回忆,就拿出了一张自己当年在江安剧专时的照片给老师看,问道:“老师,您想起来了吗?”

曹先生点头说:“想起来一些了,是个小孩子么!”

崔小萍也调皮地说:“当时老师年纪也不大呀。”

“对,大概 30 岁,不,不到,20 多岁吧!”

一幕幕对往事的追忆,一句句暖人的话语,犹如一股暖流冲进了曹先生的心田。

崔小萍女士取出一件真丝衬衣送给老师说:“老师,我看了您的照片,想象着估计了尺寸,买了这件衣服给您,我想一定合身的。”

“你真细心,谢谢!”曹先生的眼眶湿润了。他的思绪已远远超过了衬衫本身。

“上次,我托人求您题的字,我已经把它作为我的一本有关表演的书的书名。”

时间渐渐逝去,崔小萍不得不起身告辞,临行时她说:“明年我还要再回来,一定再来看望您!”

“回去向台湾的同学问好!谢谢你们对我的关心。”曹禺先生吃力地要站起身,崔小萍轻轻把他按在沙发里,又向老师注视良久,才拖着依依惜别的脚步慢慢离去……

杨振宁不忘恩师

> 学习任何知识的最佳途径是由自己去发现,因为这种发现理解最深、也最容易掌握其中的规律、性质和联系。
>
> ——波莉亚

1986 年 7 月的一天,美籍华裔物理学家杨振宁博士获悉,他的指导老师吴大猷教授正在台北进行学术访问,他屈指一算,7 月正好是吴教授 80 大寿。他思绪翻滚,想到去年教授在北京住院,自己抽不出时间去看望,这次去参加台湾研究院院士会议,正可以到台北去为教授祝寿。

坐在飞往台北的飞机上,杨振宁博士想起了 48 年前在昆明读书的往事……

1938 年,即抗战爆发后的第二

年，杨振宁以优异成绩破格考取了昆明西南联大物理系。三年级时，吴大猷教授给他讲课，使他对理论物理的研究产生了浓厚的兴趣。第二年，他去吴教授家希望教授能指导他的毕业论文，吴教授欣然同意。吴教授的悉心指导，使杨振宁更加坚定了今后在理论物理研究领域里的主攻方向，甚至对他的一生产生很大的影响。后来，杨振宁去美国继续深造，在理论物理研究方面有了不少突破。1957 年，他与李政道博士共同获得诺贝尔物理学奖金。此时，他想到了青年时代的导师，在给吴大猷教授的信中他写道："学生这次获得殊荣，是过去先生悉心引导的结果，今日是学生感谢先生最好的时机……"

飞机降落，杨振宁走下机舱，看到迎面一位白发苍苍的老人向他频频招手。"啊，吴老师，您身体还好吗?"杨振宁深情地紧紧握着吴教授的手。"振宁，想不到我会来台北与你相见吧!"吴教授又对他的学生说："听说你要在台北组织一批朋友给我祝寿?"

"恩师 80 大寿，是学生应该做的。"

"不，不，我已向朋友们宣布不举行任何形式的祝寿活动。"

师生俩走进机场餐厅休息时，一批新闻记者围上来进行采访。杨振宁一边回答记者的提问，一边忙着给吴教授端茶、递餐巾纸。他向记者们说："吴老师是我一生研究领域中最早的领路人，没有吴老师在大学里对我的指导，就不可能有我的今天。"

第二天，台湾一家报纸在报道中这样写道："杨振宁博士对他的恩师情谊之深，表现了中国传统的'尊师重道'的美德。"

程俊英终生不忘师诲

> 教师是克服人类无知和恶习的大机构中的一个活跃而积极的成员，是过去历史所有高尚而伟大的人物跟新一代人之间的中介人，是那些争取真理和幸福的人的神圣遗训的保存者……是过去和未来之间的一个活的环节。
>
> ——乌申斯基

程俊英，女，生于 1901 年，1922 年毕业于北京女子高等师范学校国文部，著有《中国大教育家》、《诗经译注》、《诗经漫话》，参加《资治通鉴长编》标校整理。

几十年来，她一直珍藏着与李大钊先生的合影照片，怀念自己最伟大的老师。

李大钊先生在女子师范学校讲社会学和女权运动史，把课堂作为宣传马克思主义的阵地，慷慨激昂地阐述革命道理，教育女学生为争取自身权利斗争而走上革命的道路。这使程俊英等一大批学生具有了进步的革命思想，也开始了一些积极行动。

在李大钊先生的教导下，程俊英等几名同学，为反对封建婚姻，商讨决定将汉乐府《孔雀东南飞》改编为五幕话剧，自编自演并聘请李老师导演，陈大悲先生协助、搞古装和布景。程俊英扮演兰芝这一关键性的角色。她牢记李大钊先生的嘱托："这出戏演得好不好，关键在兰芝这一角色，你演得愈悲惨，反封建婚姻的意义愈鲜明。不但要使女观众流泪，还要使男观众流泪。"

程俊英不负李老师的教诲，刻苦演练，体会人物感情，深刻领会人物的心理动态。这使她在演出中获得了很大成功，剧目缠绵悱恻，形象传神，充分表现出"五四"时代知识界妇女要求摆脱吃人的封建礼教的束缚、争取婚姻自由的强烈愿望。

1927 年 5 月，程俊英听说李大钊先生为革命而牺牲的噩耗，泪流不止，肺腑似裂，沉痛地摘取庭中鲜花一束，向墙上挂的毕业照上李先生像行三鞠躬礼，表示敬仰悼念之意。

为慰藉李大钊先生的英灵、不负老师的教育，程俊英一直以李老师的精神鼓励自己前进。新中国成立前，她经常和大学一些进步学生联系。学校要开除一些进步学生，程俊英设法援助，使有的同学还能留在学校做地下工作。新中国成立前夕，有几位同学被捕，她力求丈夫张耀翔教授营救并探望他们。这在暗探密布、风声鹤唳的恶劣环境中，是难能可贵的。

新中国成立后，程俊英决心努力改造自己，争取早日入党，积极为社会主义服务。对于一个老知识分子来说，这个历程是艰难的，但每当她想到李老师的教导，李老师为革命捐躯的英勇精神，便不气馁。个别老友善意地劝她："您已至耄耋之年，应该享受劳保的福利，何必常常写到深夜呢？"她感激这些人的关心，但她不能忘记李老师的教诲。她心里一直想："年纪大了，做什么都慢，只好'以勤补拙'了。"在"文革"当中，四害横行时期，她也没有退缩不前。十一届三中全会以后，她重振旧业，修改存稿，出版了《诗经漫话》、《诗经译注》两本书，发表论文多篇，还和蒋见元同志合作，整理了几本古籍。

她心里总是想："我听党的话，也就是听李老师的话。"她勤勤恳恳为党工作，在古稀之年终于实现了自己多年的夙愿，在党旗下庄严宣誓，成为一名光荣的共产党员。

谢军感谢启蒙老师

任何人如果不能教育自己，也就不能教育别人。

——霍姆林斯基

在菲律宾马尼拉，21岁的中国女棋手谢军，在女子国际象棋冠军争夺战第15盘比赛中，与苏联名将玛雅·齐布尔达尼泽战和，从而以4胜2负9和积分8.5分的总成绩取得最后胜利，成为世界冠军，结束了前苏联选手41年来对这个项目的垄断。

谢军自幼喜爱象棋，10岁时获北京儿童象棋冠军。在北京什刹海体校，跟随张连城老师改学国际象棋。1984年，她获得国际象棋全国少年冠军和成年组第6名，成为国家大师；1988年晋升为国际大师；1989年她在全国青年(男女混合编组)和全国女子个人赛中均名列榜首；1990年她在国际象棋女子世界冠军的分区赛、区际赛，候选人赛三个阶段的角逐中，连挫诸多名将，分别夺得第一、第二和第一名，成为继刘适兰、吴敏茜之后第三位中国女子国际象棋大师。同年举行的国际象棋奥林匹克团体赛上，以她为主力的中国女队荣获第三名，她本人获最佳胜率奖和最佳名次奖。

谢军基本功扎实，棋风锐利，亦不失稳健，对中、残局的处理独具功夫。她说："这些功夫我首先感谢启蒙老师张连城的指导和培养。"她的思路敏捷，算度精确，在僵持局势下屡有妙手计，比赛规格越高，对手越强，她越是斗志昂扬，从不怯阵。她善于领会教练们的意图，根据变化的局势，灵活运用并加以发展变化。她说这是教练员们辛勤培养和指导的结果。1984年初，她就和大人们一起集训了。教练让她参加乙组，她找到教练王升军，说："我的等级分够甲组呀！"王老师笑着说："你乙组打好了，自然就让你上甲组。"可她在乙组的比赛也没打好，这在她幼小心里明白了个道理，棋下得不好，在哪儿都不行。从此她更加刻苦钻研棋艺。正是凭着这股韧劲儿，她的棋艺突飞猛进。正是凭着对老师和教练员们的信任和敬重，她的学习和训练才更加刻苦。

多年的汗水终于浇出了硕果，几年的风风雨雨总算对党和人民，对老师和教练能得以报偿。她在成绩和胜利面前表示不骄不躁，以更顽强的毅力和拼搏精神，去攻克一个又一个的堡垒。

钱三强与导师约里奥·居里夫妇

> 教育者应当深刻了解正在成长的人的心灵……只有在自己整个教育生涯中不断地研究学生的心理，加深自己的心理学知识，才能够成为教育工作的真正的能手。
>
> ——霍姆林斯基

钱三强(1913—1992)，浙江吴兴人。中国著名的核物理学家，曾任中国原子能研究所的所长和中国科学院副院长。

他1936年毕业于清华大学物理系，第二年考取了法国巴黎大学的镭学研究所。指导他的导师就是著名的物理学家约里奥·居里夫妇。

在巴黎这座美丽的城市，钱三强根本无暇遨游。他每天匆匆来往于巴黎大学和法兰西学院之间。黎明即起，用过简单的早点，就乘地铁赶去实验室。白天在实验室工作或上图书馆学习，晚上回到宿舍仍继续伏案读书。

1940年，钱三强顺利地完成了博士论文，并获得了博士学位。此后，法国被德军占领，钱三强只好过着流离失所、飘零逃难的生活。直到战争结束后，在约里奥·居里夫妇帮助下，钱三强才回到巴黎，协助老师恢复实验室工作。

1946年，钱三强带领一个组，深入研究铀的裂变现象。经过几万次观测，他幻发现了三分裂现象，即约在300次裂变中能有一次裂为3块。这一发现使人们对原子核裂变有了进一步的认识。在教师的鼓励下，钱三强把这一重大发现公布于世。

可是，三分裂现象并没有得到科学界的承认，有人还持反对的态度。为了从理论上和实践上更好地说明和解释三分裂现象，钱三强和他领导的小组继续实验，并进行多次精细的计算，研究能量和角分布等关系。终于在1947年从实验和理论两个方面对三分裂机制做了全面深刻的论述，受到科学界的一致承认和普遍赞扬，获得了法国亨利·德巴微物理奖金。

原子核三分裂现象发现后，法国有关方面曾表示，钱三强一家人可在法国定居。这时的钱三强已担任法国国家科学研究中心得研究导师，生活条件比初到法国时好多了。但是，随着中国人民解放事业的不断发展，钱三强夫妇愈加思念祖国，他们迫切希望能用所学的知识，为未来的新中国服务。

约里奥·居里夫妇听了钱三强要把知识献给祖国的打算后，也欣然同意，积极支持。并勉励钱三强说："祝愿你回去以后，为你的祖国和人民好好服务。"回国后，钱三强没有辜负老师的期望，他带领一批年轻人，在差不多完全空白的基础上，开始了新中国的原子能科学研究工作。为开创和发展中国的原子能科学事业，为培养科学研究人才，作出了重大贡献。

陈景润不忘老师

> 好的先生不是教书，不是教学生，乃是教学生学。
>
> ——陶行知

1973年，著名数学家陈景润在《中国科学》第二期上发表了《大偶数为一个素数及不超过二个素数的乘积之和》一文，在国内外引起强烈反响，在许多外国出版物上，一些数学家赞誉这篇论文是"辉煌的定理"、"杰出的成就"。他自己则说："这篇论文的发表和每一步成果的取得，都应当首先归功于我的几位老师，我终生不能忘怀。"

1933年，他出生在福建省一个邮局小职员家里，少年时就性格内向，唯一的兴趣是演算数学题。1949年在福州市读高二时，曾在清华大学航空系任主任的沈元老师教他的数学课。一次，他向同学们讲述数论中的一道著名难题——哥德巴赫猜想时，说："1942年，哥德巴赫发现，每一个大偶数都可以写成两个素数的和，但他证明不了，只能称为猜想。两百多年来，世界成百上千的数学家企图证明，都没有成功。"并用鼓励的口吻说："自然科学的皇后是数学，数学的皇后是数论，而哥德巴赫猜想就是皇冠上的明珠！同学们有志研究数学，就该力争摘下这颗明珠。"陈景润着了迷，这一愿望便深深地埋藏在这位少年的心里。

第二年，福州解放了，沈老师又回清华了，陈景润考上了厦门大学数学系。1953年，他以优异成绩提前毕业，被分到北京一所中学任教。他讲的福建口音的普通话，教学效果差。适逢母校老校长王亚男来东北开会，了解到他不适合当教师，就将他调到厦门大学，在图书馆工作，让他博览群书，专心研究数学。他没有忘记当年沈元老师的教诲，选定了解析数论中的"他利"问题为突破口，向"猜想"进军。

1956年，在华罗庚推荐下，他被调到数学研究所工作。他深深被这位数学先辈的胸怀所感动，在学通英、俄语的基础上，又自修了德、法两门外语，专心致志，积极探索。相继完成了重要科学论文40多篇，有的成果在世界居于领先地位。1966年5月，在《科学通报》17期上，宣布他已证明了"1＋2"。1973年，历尽艰辛，他终于突破了这一难关，在"猜想"研究方面，取得了世界领先地位。用自己的行动回报了30多年前沈元老师的期望。

陈景润的研究成果，除党的关怀、

同志们的支持外，主要还包含着前辈们对他的培养心血。沈元的启蒙教育，为他播下了理解的种子；在他困难时期，王亚南给予了及时帮助；华罗庚识才荐举，为他摘取数学皇冠上的明珠创造了不可缺少的条件。每当谈起这些老师的培养帮助时，他总是十分激动地说："我爱他们，尊敬他们，永远感谢他们！"

侯振挺教授寻师 25 载

> 问题不在于教他各种学问，而在于培养他爱好学问的兴趣，而且在这种兴趣充分增长起来的时候，教他以研究学问的方法。
>
> ——卢梭

侯振挺教授是我国的数学家，曾被国际上著名的戴维逊基金会授予"青年数学家戴维逊奖"。当他从中国科学院院长手里接过"授予青年数学家侯振挺戴维逊奖"的影印件时，他首先想到的是自己初中时的数学老师张金山，他希望能够立刻把这一含有老师心血的喜讯告诉张老师。可是侯振挺自从中学毕业以后，离开家乡到外地求学，一别就是 20 多年，师生之间音讯隔绝，现在张金山老师在哪儿啊？……

侯振挺教授的家乡在河南省密县，读初中时，他的数学基础不太扎实，因而对学习数学没有什么特殊的兴趣。张金山老师是他的数学老师，张老师生动形象的讲授方法和精心巧妙的启发，使侯振挺对学习数学逐渐产生了浓厚的兴趣，后来他成了本年级的数学"尖子"。侯教授认定：张老师是自己攀登数学高峰的第一位引路人。离开家乡后，侯教授始终思念着把自己引入数学王国的张金山老师。每当他在数学上取得某些成就时，他就想马上见到张老师，让张老师了解自己走过的路，并分享自己成功的喜悦。多年来，张老师是他逢年过节思念的一位长者。

经过 25 年的寻找，1978 年 7 月的一天，侯教授终于知道了张金山老师的下落。他接到一封信，信中说："张金山老师现在在河南安阳师范学校工作。"当时，侯教授在湖南长沙铁道学院工作。他不顾酷暑盛夏，迫不及待地从长沙动身，专程赶往河南安阳师范学校，拜访张金山老师。

不速之客的到来，一时使张老师难以相认。侯教授站在年逾花甲、鬓发斑白的老师面前，亲切而又恭敬地报了自己的姓名。张老师望着侯振挺教授，激动得说不出话来。张老师热泪盈眶，哽咽着：

"侯……你现在……"

侯教授望着自己日夜思念的恩师，眼睛也湿润了，连忙走过去，紧紧地握着老师的手，说："张老师，我总算又见到您了！您现在身体可好？……我今天是专程来看望您的！"

久别重逢，真是有诉不完的思念之情。当晚，侯教授同张老师促膝交谈，直到深夜。

第二天分别的时候，侯振挺教授特意把"授予青年数学家侯振挺戴维逊奖"这封信的影印件作为最珍贵的礼物，送给了张金山老师。他说："张老师，是您把我引进了数学王国，是您的严格治学态度教育了我，我的每一项研究成果里都含有您的心血，光荣应该属于您。"停了一会儿，他又说："若不是您的诱导和培养，我很难对数学产生浓厚的兴趣，也不可能在数学领域中有所建树……"

侯教授的一席话，令张老师十分感动，他为自己有一位成为著名数学家的学生，仍能这样尊敬和思念中学时的老师而深感快慰和自豪。

魏巍对老师的深情

> 活的人才教育不是灌输知识，而是将开发文化宝库的钥匙，尽我们知道的交给学生。
>
> ——陶行知

魏巍是中国当代著名作家，1939年开始发表诗歌和散文。主要作品有报告文学集《谁是最可爱的人》，散文杂文集《壮行集》，诗集《黎明风暴》、《不断集》和长篇小说《东方》等。现任中国人民解放军北京军区政治部文化部部长，全国文联委员。

魏巍八岁时，在县城新办的"平民小学"读书。在这里，魏巍遇到了一位终生难忘的女教师蔡芸芝先生。

蔡先生十分喜爱自己的学生，从不打骂学生，经常为孩子们安排丰富多彩的课外活动。教学生们跳舞，假日里带学生到自己家或女朋友的家里做客，让学生们在园子里观察蜜蜂，增长课外知识，使孩子们的生活充满色彩，身心健康发展。蔡先生还注重培养学生的爱好志趣，常用"歌唱的音调"教学生读一些诗。魏巍就是在她的教育下，开始接近文学、爱好文学的，这些都使魏巍终生难忘，深深地爱戴自己的老师。他在回忆中写道："像这样的老师，学生们怎么会不愿接近她喜欢她呢！""同学生们见到她就不由得围上去"，"即使她写字的时候，也默默地看着她，连她握铅笔的姿势都认真模仿"。

有一件小事，魏巍的心底一直深深地埋藏着。那时候，魏巍的父亲在军阀部队里当兵，好几天没有回来。母亲非常牵挂他，常常在神像前焚香磕头，卜问吉凶。魏巍虽不像母亲那样，也略略懂了些事。可是在孩子群中他的一些小"反对派"们，常常在他身边猛喊:“哎哟哟,你爹回不来了哟,他吃了炮子啰!”这使魏巍当时感到,真好像死了父亲似的那么悲伤。蔡老师知道这事后,热情地援助了魏巍,批评了那些小“反对派”们,还写了一封信劝慰魏巍,说他是“心清如水的学生”。这使魏巍幼小的心灵得到了莫大的抚慰。他念念不忘,在回忆中写道:“一个老师排除孩子世界的一件小小的纠纷,是多么平常,可是回想起来,那时候我却觉得她给了我莫大的支持。在一个孩子的眼睛里,他的老师是多么慈爱、多么公平、多么伟大的人啊。”这段话,满怀深情地抒发出他对老师的无比崇敬和热爱之情。

有一次,学校开始放暑假了,蔡老师收拾行装准备回家,魏巍默默地站在蔡老师的身旁,看老师收拾这样那样的东西。

对于一个孩子来说,暑假生活是轻松愉快、欢畅的,总觉得时间过得快。可魏巍因想念蔡老师,却感到暑假是那么的漫长。

在一个夏季的夜里,席子铺在当屋,旁边燃着蚊香,魏巍睡熟了。不知睡了多久,也不知是夜里的什么时辰,他忽然爬起来,迷迷糊糊地往外就走,母亲喊住他问:“你要去干什么?”

“找蔡老师去……”他模模糊糊地回答。

“不是放暑假了吗?”

“哦!”

这时魏巍才醒来,看看那块席子,自己已走出六七尺远了。母亲把他拉回来,劝说了一会,才又睡熟了。这是一个学生对他的老师多么深的依恋之情啊!

魏巍曾这样写道:“至今回想起来,我还觉得这是我记忆中的珍宝之一。一个孩子纯真的心,就是那些热恋的人们也难比啊!……什么时候,我能再见一见我的蔡老师呢!”

后来魏巍把这些事写成一篇文章——《我的老师》,写得情真意切,感人肺腑,充分表达了自己对蔡老师的无限热爱和思念之情。当时蔡芸芝先生还健在,看到文章后非常高兴。但魏巍和老师最终也未再见一面。

才旦卓玛以师为母

> 一个无任何特色的教师,他教育的学生不会有任何特色。
>
> ——霍姆林斯基

才旦卓玛是中国著名的藏族歌唱家。

1980 年冬天,她去上海演出。一到住地,她就急着要回家看“妈妈”。这可把大家弄糊涂了,她的丈夫和女儿都在拉萨,怎么会在上海还有个家?她的母亲已经去世了,怎么还有个妈妈?

才旦卓玛笑了，说："你们不知道，我还有个汉族'妈妈'，她就是王素品老师。"

王素品是上海音乐学院的教授。才旦卓玛从1959年到1964年，一直跟王老师学习声乐，师生之间建立了深厚的友谊。她把王老师当做自己的汉族"妈妈"，只要出差到上海，第一件事就是去探望王老师。才旦卓玛时时想念着自己的老师。当听说王老师血压高时，她心急如焚，千方百计地搞来治病用的天麻，一个一个地洗净，一片一片地切开，再用线串起来晒干，寄给几千里之外的王老师。

王老师收到邮包后，十分激动。她担心这样会影响才旦卓玛的工作和休息，就一再回信嘱咐她不要再寄药了。可是，邮包还是不断从遥远的西藏寄来。

当时，才旦卓玛演唱的《唱支山歌给党听》、《北京的金山上》、《翻身农奴把歌唱》等歌曲，已经传遍各地，深受群众的喜爱。她还多次出国演出，获得很高的声誉。但她从来也没有忘记她是王老师的学生。每一次来上海，她像在学校时一样，站在钢琴旁，一首歌一首歌地唱给王老师听，向老师虚心求教。有时，王老师指出她演唱的不足，就反复唱几十遍。师生俩常常这样练到深夜。

有人曾经问才旦卓玛："你为什么这样尊敬你的老师？"她坦诚地笑着，连连摆手说："不应该说我怎么尊敬老师，而应该说王老师是怎样关心、爱护我。我在学校里唱的那些歌，都是王老师一字一句地教出来的。在生活上，她又像母亲一样关怀着我。我的每一点儿进步都凝聚着王老师的心血。你们说，我应该怎样感谢这位汉族'妈妈'！"

法拉第与戴维教授

人冀子孙贤，而不敬其师，犹欲养身而反损其衣食也。

——王卓《今世说》

迈克尔·法拉第是伟大的物理学家和化学家。1791年，他出生在英国伦敦市郊一个贫苦铁匠的家里。13岁时，他就不得不离开学校去当报童，以便帮助父母维持一家六口的生活。

送报的活计，十分辛苦，整天风里来，雨里去，满城奔跑。但是，却可利用送报的机会，看各种报纸，学习许多知识。这使小法拉第又感到极大的快乐和满足。后来，老板收留他做了装订工。工作间里堆着许多书，这对于好学的法拉第来讲，真是一个学习的好地方。他贪婪地吸吮着书中的营养，从书中学到了物理、化学、天文等科学知识，并开始对科学研究产生了浓厚的兴趣。

一个偶然的机会，法拉第得到了

四张皇家学院戴维教授的演讲入场券，这使他兴奋无比。因为戴维教授是著名的科学家，法拉第早就期望能够聆听戴维教授的演讲。

这一天，在皇家学院的演讲大厅里，法拉第被戴维教授的精彩演讲深深地吸引住了，他专心致志地记录着教授的每一句话、每一个实验装置图。晚上回到住处，他又在昏暗的烛光下，认真整理演讲记录，直到深夜。听完了四次演讲以后，法拉第把记录精心装帧成册，并在书省上印上漂亮的烫金字"亨·戴维爵士讲演录"。

戴维教授的讲演开拓了法拉第的视野，他希望能够进入皇家学院，与大科学家一起工作，渴望在美丽、庄严、圣洁的科学殿堂中遨游。在法拉第向当时皇家学会会长兼皇家学院院长提出申请，遭到拒绝后，他并不气馁，他又一次拿起笔，用更恳切的语言给戴维教授写了一封信，并随信送去了自己整理、装订的讲演录。

那天，戴维教授收到了法拉第的书信，他看到装帧精美的书脊上用烫金字写着自己的名字，心里感到十分奇怪，自己从来没有出版过什么讲演录，这是怎么回事？戴维教授好奇地打开了书，发现里面完全是手写的。扉页上工工整整地写着："四次讲演（化学哲学纲要讲座）的部分记录，亨·戴维爵士讲于皇家学院，迈·法拉第记录整理，1812 年。"

戴维教授信手翻看下去，他愣住了，自己四次讲演总共四个多小时，法拉第竟记下了 386 页！讲过的，他都记下了；许多没讲的内容，他也补充上了。娟秀的字迹，精美的插图，多么严肃、认真、一丝不苟，这中间熔铸了法拉第的诚恳、热情和求知的精神，也熔铸了他对老师的尊敬和爱戴。这一切深深地感动了戴维教授，他决定接见法拉第。

1813 年 1 月的一天，法拉第终于和戴维教授相会了，经过长时间的交谈，教授决定让法拉第做自己的助手，并说服院长给法拉第安排了实验室助手的工作。

从此，法拉第迈进了科学的殿堂——皇家学院的大门。他勤勤恳恳地在实验室里工作，认认真真地向科学家们学习，努力地向科学研究的前沿攀登。法拉第终于开始了他梦寐以求并为之献身的科学事业。

麦克斯韦听从老师教诲

师严然后道尊，道尊然后知敬学。

——《礼记》

1850 年，19 岁的詹姆斯·克拉克·麦克斯韦从爱丁堡大学又考入了剑桥大学继续深造。麦克斯韦思维敏捷，富有想象力，谈起话来滔滔不绝，但逻辑性较差(做事也杂乱无章)。

有一天，麦克斯韦正在学校图书馆里专心致志地研读一本数学专著。这时，著名的数学教授威廉·霍布金斯也到图书馆要借阅这本书。当图书馆工作人员告诉他，书已经被别人借走时，教授感到有些吃惊，因为这本数学专著的内容是十分深奥的。是什么人对研究如此高深的数学问题感兴趣呢？他根据工作人员提供的线索，在阅览室里找到了麦克斯韦。

霍布金斯教授悄悄地走到了麦克斯韦的座位旁边，看见他正在聚精会神地摘抄书上的内容。出于好奇心，教授想看看他究竟抄了些什么。没想到映入教授眼帘的竟是涂写得乱七八糟、十分凌乱的笔记。教授忍不住，轻轻地拍了拍麦克斯韦的肩头，爱抚地批评道：“小伙子，写笔记这样没有秩序是永远成不了优秀数学家的！你应该养成书写整齐有序的良好习惯，这样是有益于你今后的学习和工作的。”

霍布金斯教授的中肯批评，使麦克斯韦深受教育。从此，这对师生成了好朋友。后来，教授又决定招收麦克斯韦为“霍布金斯数学班”的第 15 名学生。

麦克斯韦在霍布金斯班学习期间，为了克服自己做事情杂乱无章的毛病，决心在教授的帮助下，进行严格的训练。他认真地完成教授布置的任何工作，甚至有意识地找一些能够磨炼自己的事情去做。如校阅学生的研究论文，是一件十分重要而又烦琐枯燥的工作，麦克斯韦却毫无怨言，总是认认真真地校阅每一篇论文，他说：“我仔细地校阅论文中的一点一滴，把一切都表达得清清楚楚，使主试者看得清楚、满意，使学生们也从中受到教育。”

1854 年，麦克斯韦以甲等优秀生第二名和史密斯奖第一名的成绩从霍布金斯班毕业了。霍布金斯教授的精心培养，使麦克斯韦这个富于想象、善于研究、具有独特的物理直觉的天才，养成了良好的学习和工作习惯，增加了丰富的数学知识，为日后建立科学上的伟业做好了充分的准备。

麦克斯韦后来终于成为世界著名的物理学家。他是经典电磁理论的奠基人，并在热力学、光学、分子物理学等方面作出了卓越的贡献。他的工作推进了物理学的发展，为人类的文明、进步，作出了不可磨灭的贡献。

尊敬长辈

ZUN JING ZHANG BEI

曾参恪尽孝道

> 事其亲者，不择地而安之，孝之至也。
>
> ——庄子

曾参，字子与，又称曾子。春秋末年鲁国南武城人。生于公元505年，卒于公元前436年。曾参出身贫寒，一生经历坎坷，但终生讲求修身养性，主张“日三省身”。

曾子以孝出名，他不仅行为上恪守孝道，而且还有一套理论主张。他把孝分为三种：大孝尊亲，其次弗辱，其下能养。

曾子在孔子门下受业学习多年，已学有所成。那时，他家贫寒，为了养活父母，他在离家很近的莒国出仕做小吏。虽然俸禄只有几斗米，但是他仍然十分欢喜，因为能用自己所得供养双亲。后来，他成了大名士，双亲也老了，他就不再外出谋官。当时，各国聘请他做相国，楚国委任他为令尹，晋国请他做上卿，都被他拒绝了。

父母亡故之后，曾子游历到楚国，做了大官，出门百乘相随，大队仪仗呼拥，高官厚禄十分显赫。可曾子并不高兴。他常常面北哭泣，因为在他看来，官再高，禄再丰，父母已经亡故，无法再奉养双亲了。父母没能过着荣华富贵日子，太可怜了。

曾子孝敬双亲，甚至到了愚孝的程度。

一天，曾子到他父亲的瓜地里去锄草。一不小心，把瓜苗锄掉了好几棵。曾子好心疼，自责自己的粗心。

这时，正赶上他父亲拄着棍子来薅草，一看见曾子把瓜苗锄掉好几棵，气不打一处来，不问青红皂白，举起大棍，照着曾子的脑袋打来。本来，曾子稍一侧身，棍子就不会落在曾子的头上的。但曾子想，自己错了，父亲打几下消消气，就没有躲闪，仍立在原地。父亲用力过猛，曾子被打倒在地，不省人事了。这下子可吓坏了父亲，后悔自己出手太重。老人连呼带叫，揉了半天，曾子才苏醒过来。

为了不使父亲为自己担忧，曾子赶紧爬起，好像没挨过打似的向父亲赔不是。并走进瓜棚，拿过琴来弹给父亲听，让父亲消气。

曾子不仅对父亲如此，就是对后母也是十分孝敬，甚至休了妻子以敬后母。

曾子的后母对他十分刻薄，一点恩义也没有，但曾子毫无怨言，像对父亲那样，孝顺备至。

有一次，他让妻子为母亲做藜羹，他的妻子一时粗心，没蒸熟就端了上去。曾子知道后，一大为恼火，立刻写了休书，将妻子撵出门去。知情人都认为太过分了，责问他说："妇人犯了七出之条，才能休掉；藜羹不熟，这样区区小事，你为什么要因此休妻呢？"

曾子说："藜羹确实是件小事，但我叫她煮熟奉母，她竟然不听我话。这样的人，如何可以留下她呢？"

然而曾子毕竟疼爱自己的妻子，为了珍惜夫妻感情，终身没有再娶。

乐正子春闭门思过

> 天地之性，人为贵；人之行，莫大于孝，孝莫大于严父。
>
> ——《孝经·圣至章》

乐正子春，春秋时代鲁国人，曾参的学生。一天，他从高台阶上走下来，刚好有一群大雁从头上飞过。望着远去的大雁，乐正子春陷入了对人生的沉思之中，忘了自己正在下着台阶，一下子踩空了，跌倒了，崴了脚脖子，疼得直叫。

家人闻声跑来，将他扶起，搀到屋里，让他倒在床上，便跑去请医生。看着乐正子春满是冷汗的面孔，母亲心疼得直掉泪，埋怨儿子毛手毛脚，不知爱惜自己，这么大了还让父母操心。儿子崴脚，母亲流泪，真是十指牵心啊！乐正子春好后悔，为什么自己思想溜了号，崴了脚，让父母跟着操心。

经医生的推拿，又吃了药，脚很快就好了。人们奇怪的是乐正子春还是不出门，而且见了家人脸上还现出惭愧的脸色。一问才知道，他是在闭门思过呀。他说："我听老师讲过，当子女的应当爱惜自己的身体，父母生下完完全全的身体，就应完完全全地保存下来。这样才能对得起父母，才能说是孝敬父母，不该无缘无故地毁伤自己的身体。这是孝敬父母的起码要求啊。我想，凡是能够做到恭敬谨慎孝敬父母的人，就不会使自己的身体无故受到损伤。我没做到处处事事恭敬谨慎，走路还把脚崴了，辜负了老师的教导，也忘记了对父母的孝敬啊。"

乐正子春走路不小心崴了脚，竟一连几个月没有出门，在家、闭门思过，悔恨自己没做到处处事事恭敬谨慎，忘了孝敬父母。人们听说了都很感动。他的老师曾子知道了这件事也赞扬他能从各个方面去思考孝敬父母，处处恭敬谨慎，严格要求自己。

盛彦吐哺待慈母

孝在于质实，不在于饰貌。

——桓宽《盐铁论·孝养》

盛彦，字翁子，西晋广陵人。

少年时代便很有才能，当时有一位太尉叫戴昌的曾以赠诗形式考查他，盛彦面对满座官僚文士，慷慨作答，没有一点理解错误的地方，受到文士们的赏识。

盛彦的母亲王氏非常勤劳节俭，不仅亲自操持家务，还时时督促盛彦读书识字，教他以礼待人……后来，由于过度操劳，得了一场病，连眼睛也跟着瞎了。家里虽然雇了一个女仆，但是许许多多的事都落在了盛彦身上，他一边帮母亲安排日常生活，一边拼命读书，他的才干也越来越受人重视了。成年以后，官府鉴于他极有才名，多次征召他去做官，盛彦每次都是以母亲病势沉重而推辞了。每当谈到母亲双目失明，日常生活很难自理，重病缠身的情形时，盛彦就止不住悲伤，痛哭失声。他每天每顿饭都要亲手喂母亲吃饭，凉、热、咸、淡都是他先尝一尝，有时候，饭菜如果稍微硬一点，盛彦就自己先嚼一遍然后喂母亲。这样坚持了好多年，他母亲的病多少有一点好转。他母亲病了好久好久，女仆当然会受累，于是暗暗产生了怨恨的心情。有一回，盛彦外出办事，上午也没回来，那个女仆就生出了坏心，到屋子后面的菜地里捉了一些金龟子（吃植物根茎的小虫）的幼虫，放在瓦片上烤熟了给盛彦的母亲吃，还撒谎说是好东西。她自己也吃了一些，觉得很好，于是就以为这确实是难得的好东西，顺手捏了一点偷偷留起来。后来，盛彦回家了。他母亲把烧熟的金龟子给他看。盛彦一看，立刻跪在母亲面前，哭着向母亲赔罪，深责自己照顾不周全，叫母亲遭罪了。他母亲却安慰他："这东西吃了也没什么事，我倒觉得眼前好像有点亮堂了。"盛彦一听，异常惊喜，打来一盆清水，给母亲轻轻擦拭，没一会儿，母亲的双目就能清楚地看见东西了。盛彦这时候以为当初错怪了女仆，竟然向女仆跪谢，女仆却羞愧得一声不吭地站在那儿一动也不动。

由于盛彦孝顺母亲，善待仆人，家里越来越和睦了。

薛包对继母的孝行

> 事亲以敬，美过三牲。
>
> ——挚虞

薛包，字孟尝，汉安帝时汝南人。

他年轻时就勤奋好学，对人厚道，懂得礼貌。母亲常年疾病缠身，卧床不起，薛包求医煎药，端水送茶，问冷问热，伺候得非常周到。于是他孝敬老人的名声，便传遍了乡里。

母亲去世后，父亲又娶了一房妻子。为了讨个好名声，继母对薛包大面上总还过得去。但时间一长，就容不得了，开始在父亲面前说薛包的坏话。天长日久，父亲信以为真，就叫薛包出去自己过。薛包不忍抛下父母自己另过，就日夜哭泣。这下可惹恼了父亲，竟用棍杖把薛包赶了出去。

薛包无奈，只好在院外搭个棚子，晚上睡在那里，早晨起来还是回到家里，洒扫庭院。父亲还是逼他走，他实在没办法了，只好在庄外搭个小棚，住在那里，早晚还是回家来洒扫院子，干些伺候父母的零活。不管刮风下雨，还是大雪飞扬，一年多来从不间断。薛包的孝心终于感动了父亲和继母，又准许薛包搬回家住。

薛包回家住之后，更加孝敬继母，关心体贴，竭尽孝心。在继母病重时，他问病求医，煎药送水，时刻不离。白天，渴不思饮；夜晚，衣不解带。直到继母去世，从无倦怠之意。

父母双双过世之后，继母生的弟弟要求分家。薛包一再劝阻，仍是无效，便主动把好的房屋、田地、器物、能干的佣人，留给了弟弟，自己把老得不能干活或无家可归的佣人领去，他说：“这些老人和我同住多年了，你不能使用他们啊，跟我去吧。”田地，他拣荒芜贫瘠无法耕种的要，房屋，他拣破旧要倒塌的要，他说：“这是我年轻时所经营的，我很留恋这些土地和房屋啊。”器具物品，他捡破烂的要，他说：“这些器具物品是我平素吃穿用的东西，适合我的身体啊！”

弟弟好吃懒做，不务正业，不久，就把分得的家产全卖光了。薛包就经常周济他，不袖手旁观，也不埋怨挖苦。乡里人有的说：“你弟弟游手好闲，对你又不好，也不是一母所生，有钱也不能给他呀。”薛包笑着回答说：“兄弟团结友爱，也好让九泉之下的老人放心哪，这也是尽孝心呀。”

汉建光年间，薛包的孝行，传到了京城，得到了皇帝的重视，公车特召他当侍中官。

顾恺之为母画像

> 孝子之至，莫大乎尊亲。
>
> ——孟子

顾恺之是东晋大画家。他善于画人物，特别擅长画女人和神女，在画脸部时以点睛之笔使神情风采惟妙惟肖。他之所以特别擅长画女人，与他一片至诚的孝心有关。

顾恺之一出生，母亲就去世了，一直由奶奶带养。幼年的顾恺之，生得虎头虎脑，家人都叫他小虎子。他父亲曾是朝廷官员，因不满时政的黑暗腐败，退隐居家写诗著文。顾恺之常常冲进书房里问父亲："人家都有母亲，我的母亲在哪儿？"

"虎子，你母亲到很远很远的外婆家去了。"父亲怕孩子难过，只好骗他。

"那母亲什么时候回来？"顾恺之睁着大眼又问。

"大概半年吧。"

从此，顾恺之扳着手指一日一日地等待母亲回家。半年后，他又去问父亲。父亲见瞒他不住，只好对孩子讲母亲去世的经过。

顾恺之得知自己生母已不在人世，不禁号啕大哭。父亲劝他说："孩子，人死不能复生，你以后不要再想母亲了。"

从此，顾恺之变得沉默寡言，心中只是想着母亲生得什么模样。他一次又一次询问父亲：母亲的脸长得啥样，身材长得啥样。父亲给他描述了一番后，他又去询问奶奶，一遍又一遍地听大人讲述后，他心中似乎有了母亲的形象。

8 岁时，他对父亲说："我要给母亲画像。"

父亲摇摇头说："你没见过母亲，怎能画像？画出来也不像的。"

顾恺之听了并没有灰心，他专心致志地学着画母亲，画完一张就去给父亲看，问画得像不像。

"不像，画得一点也不像。"父亲摇摇头。

顾恺之听了又接着画第二张，父亲又说画得不像，他又画。当画到第十张时，父亲说："身材手足有点像，面部不像。"

顾恺之听了好比吃了一杯蜜糖，心里甜滋滋的。他想：我终有一天能看到母亲的像。他花了半年功夫，画成一张母亲的全身画像拿给奶奶看。奶奶心疼孙子画得这么累，便对他说："真像你母亲，虎子你别再画了。"

顾恺之还不相信，再给父亲看。父亲连连点头说："像了，像了，只是眼神不太像。"

顾恺之从此天天专门习学画人物的眼睛，画了又改，改了又画。当他又把一张母亲的画像送到父亲书房时，父亲一愣：这不是妻子出现在眼前了吗？忙说："这真是你的母亲，把这幅画挂起来吧！"

顾恺之到 20 岁时已成为卓越的肖像画家。当同行们问他曾拜谁为老师时，顾恺之说："我的母亲是我心中一直活着的老师。"

江革行佣供母

子曰："孝子之事亲也，居则致其敬，养则致其乐，病则致其忧，丧则致其哀，祭则致其严。五者备矣，然后能事亲。"

——《孝经》

东汉初年，王莽篡位，新朝的政治腐败，导致战争频繁，天下大乱。当时，临淄有个人名字叫江革，字次翁，从小失去了父亲，家里只有母子两人相依为命。

那时各地战乱不断，盗贼四起。盗贼不仅抢财物，还常常把家中的男子抓去，逼着他们入伙。江革为了避乱，干脆背了母亲弃家出走去逃难。母亲年迈，腿脚不方便，为了尽量减少母亲的颠沛流离之苦，江革整天背着母亲奔波。

俗话说："在家千日好，出门一时难。"江革背着母亲，一路上风餐露宿，还要躲避盗贼。长途跋涉，一般人宁愿少带行李，以避免路途上的辛苦。而江革的母亲虽然年老体重较轻，但走一段长路之后，江革往往累得满头大汗。母亲心疼儿子，要下来自己走，江革却说：孩儿背着母亲，就像回到了小时候一样，感觉到母亲的温暖，孩儿心里很欢欣，感觉自己很有福，可以随时侍奉母亲，所以就会越走越有力气。

走着走着，母亲渴了，江革马上到处讨水给母亲喝；母亲饿了，他竭尽所能为母亲准备可口的食物；天色将晚，他想方设法找住处，使母亲能踏实地安歇。在仓皇逃难的人群中，江革念念想到的是母亲的安全，全然忘记了自己的饥饿和疲劳。

在逃难的路上，许多人见到江革都肃然起敬，但也有少数人对他不理解，因为在这样艰难的境况中，一个人连逃生都很难，更何况背负着白发苍苍的高堂老母。无论是称赞还是讥讽，江革都淡然处之，在他看来，一个人活在世上的头等大事是孝顺父母，别人的评价无足轻重，不用放在心上。

逃难当中，江革多次遇到盗贼，想要把江革劫去。每当面临这种情形，江革便会在盗贼面前苦苦地哀求，痛哭流泪，对盗贼讲：我从小失去了父亲，孤苦伶仃，是母亲茹苦含辛，把我拉扯成人。如果没有母亲，哪会有今日的我？如果我随大王去了，留下孤零零的老母亲，兵荒马乱，举目无亲，母亲如何保全生命，如何度过余生？恳请大王念我有老母在，没有人奉养，能放过我们。

盗贼看到江革如此诚心诚意的哀求，无不被他的孝心所感动，所以也不忍杀他，更不忍把他劫走。就这样，江革屡次感动盗贼，化险为夷。可见人之初，性本善，天下无不可化之人，沦为盗贼也不是他们的本性，都是因为一时之乱，为环境所迫。如果能够唤醒他们本性里的孝顺，盗贼也会洗心革面，重新做人。

后来盗贼被平息了之后，江革背着母亲，千里迢迢流落到江苏省下邳县，在这里居住下来。在举目无亲的异乡，江革非常的贫穷，衣不蔽体，也没有钱买鞋子穿，打着赤脚为别人当佣人，赚取微薄的收入来维持生活。即使赚的钱这么少，但是江革省吃俭用，把最好的物品来孝养母亲。凡是母亲日常生活必需的用品，没有一样缺乏，母亲需要用的、想要吃的、要穿的，尽最大的努力，没有一样不替母亲办到。江革所做就如《孝经》所言：用天之道，分地之利，谨身节用，以养父母。

后来，江革的母亲去世了，他非常的哀伤，在庐墓之间大声地哭泣，就像找不到父母而无依无靠的孩子一样。他的哀恸逾恒，超过一般的常人，感动了邻里之人。整整三年，江革结庐住在母亲的坟旁，因为他挚诚地思念母亲，连晚上睡觉的时候也不愿把孝服除去。

三年的服丧期满，他还不忍脱去孝服，感动了地方的父母官派人去安慰他，又举荐他做了孝廉。但是江革淡泊名利，屡屡拒绝做官的机会，后来皇帝还聘他为谏议大夫。谏议大夫做了不久，他就辞官去了。

皇帝非常思念江革的为人，最后指派朝廷一定要年年慰问江革，虽然他已辞官，还是由朝廷来供养他一生所应得的俸禄。因为江革的孝行足以为天下的楷模。可见一个人能行孝，他影响所及有多广、多深、多远。

在乱世当中，江革行孝的确比一般人要艰辛困难。兵荒马乱之中，妻离子散的比比皆是，一家人分散，骨肉分离，可以说是非常平常的事。江革背着母亲，每逃难到一处，内有母亲要照料、要保全，外又有盗贼在行抢，一日三餐都相当的困难，更怕有盗贼来抓走他，所以他是在险阻艰难中，全人所不能全。

但是江革尽了最大的力量，终于能保全自己身体的安危，而且还能保护他的母亲。即使在这么颠沛流离的日子里，他仍然可以克尽为人子的孝道，实在是难中之难。所以后人称颂他：挽车极劳古，逃贼最间关。太息江巨孝，能为人所难。

孝子忠臣，可以像日月一样永恒地照耀世间。江革在这么艰困的环境当中还能脱险，为母亲做最好的孝养。由此可见，环境的好坏并不足以影响孝子的心，只要我们有一颗真诚的心，任何环境我们都可以做到孝亲、敬亲。

王祥孝感继母

> 事父母，能竭其力。
>
> ——《论语·学而》

王祥字休征，汉末晋初人，魏晋时先后任太尉、太保等职。以孝敬父母著称于世。父母有病，王祥不分昼夜，衣不解带，侍奉于床前。汤药煎好后，用口吹凉，再亲自尝尝，然后毕恭毕敬，送至父母床前，等待父母喝后才肯离去。

王祥生母薛氏因病过早去世，继母朱氏性情乖戾暴躁，心胸狭窄，一发脾气几天都不过劲。背后屡次向王祥父亲告状，说王祥的坏话，因此王祥失爱于父，经常受到父亲的斥责，以至怒骂，每天都让王祥做各种繁重的家务活计，王强虽年小体弱却一声不响地干活，从无怨言。

王祥家庭院里有一棵李树，所结的李子味道鲜美，继母害怕邻人摘吃，就命令王祥在树下护守。白天不让鸟雀落树，夜里防备老鼠食李。一天夜里，狂风骤起，下起瓢泼大雨，王祥抱住树干大哭，生怕李子坠落，一直守到天明，继母有些过意不去。

王祥弟弟王览系继母朱氏所生，继母爱之如命。王览六七岁见母亲经常打骂王祥，王览哭着用身体遮护哥哥，十几岁时就经常劝说母亲不要虐待哥哥，朱氏有所收敛。朱氏仍然寻衅找碴无理刁难王样，并苛待王祥妻子，祥妻侍候朱氏如常。

一天夜里王祥在床上睡觉，朱氏蹑手蹑脚到床前举斧砍去，正赶上王祥已经起身，只砍坏被褥，她急忙逃走了。王祥知道是继母所为，就赶到继母前，跪下请死，朱氏羞愧不已。

王祥父亲去世后，家庭重担落在王祥肩上，每天起早贪黑操持家务。他为人厚道，品行端庄，见义勇为，誉满乡里。朱氏嫉恨在心，暗里将毒药放入酒里，使人送给王祥，弟弟王览知道底细，径起取酒。王祥也怀疑酒里有毒，争而不与，朱氏只好夺下酒急忙跑了。从此朱氏送给王祥的饭菜，王览都抢先尝尝，朱氏怕误毒王览，就不再往饭菜里下毒了。王览深受哥哥熏陶感染，“孝友恭恪，名亚于群”，当时传为美谈。

王祥几十年如一日孝敬继母，有求必应，终于以孝心打动继母的心弦，母子感情逐渐融洽起来。

东汉末年，军阀混战，民不聊生，王祥“扶母携弟避地庐江”，在那里隐居三十余年，魏国多次征召，也不前往就职，王祥小心谨慎孝敬继母，直至继母去世后，丧葬完毕，他已年近六十，才去徐州任别驾，协助徐州刺史吕虔平乱，使“州界清净，政化大行”，时人歌之曰：“临沂之康，实赖王祥，邦国不空，别驾之功。”

王祥在西晋任太保之职，位居三公，“高洁清素，家无余宅”，为政清廉，勤俭持家，病重遗令子孙丧事从简，“家人大小不须送丧”，当时传为佳话。

蔡顺拾椹奉母

事亲者，居上不骄，为下不乱，在丑不争。居上而骄则亡，为下而乱则刑，在丑而争则兵。三者不除，虽日用三牲之养，犹为不孝也。

——《孝经》

东汉末年，王莽篡权，社会秩序混乱，庄稼逢荒减收，百姓生活困苦，加上当时有一帮将眉毛染成红色的“赤眉军”，出没不定，四处搜刮粮食和财物，就像强盗一样经常骚扰百姓。

出身贫苦的蔡顺，很小就失去了父亲，他和母亲相依为命。虽然年纪还小，他却十分孝顺懂事。在经常食不果腹的境况下，总能想办法找到一些可以充饥的食物，尽心奉养母亲。夏天，树上的桑葚熟了，蔡顺就去采拾桑葚回来给母亲吃。每次去的时候，他都会拎两个篮子。

一天，蔡顺在回家的路上，不幸与一伙儿“赤眉军”强盗迎面碰着。强盗们拦住了蔡顺的去路，本想可以搜点财物，没想到除了篮子里的桑葚外，其他一无所获。强盗们露出不悦与愤怒，正要找蔡顺出气，突然一个强盗发现蔡顺拿了两个篮子，他好奇地瞧了一会儿，然后紧锁眉头问蔡顺道：“你采的桑葚也不多，为什么要用两个篮子，还将黑色和红色的分开来呢？”

蔡顺从容不迫地回答说：“黑色是熟透的，味道很甜，是母亲最爱吃的。母亲身体不好，吃它可以充饥又可以恢复体力；红色的没有熟透，比较酸，是留给自己的。”

蔡顺语真恳切，面对强盗不仅一点儿也不害怕，神情更充满着对母亲的孝敬，而且流露出的那种对母亲的体贴与细腻，使在场的强盗们都感到很意外，他们一时沉默无语，仔细思量，慢慢的脸上不再那么狰狞，态度也开始软化了，此时的蔡顺也感受到了这批强盗内心有了强烈的触动，尤其在这颠沛流离的环境里，沦为强盗也非得已，任谁也会禁不住地想起自己家中年迈的父母，有的缓缓地低下头来，有的甚至悄悄地抹去眼泪，于是强盗们决定放了蔡顺。

当这批强盗们将撤走时，令人意外的是竟然还拿出了一些粮食和财物，要给蔡顺拿回去孝敬母亲。然而蔡顺深知“志士不饮盗泉之水”的道理，所以他委婉地谢绝了强盗们的好意。强盗们见此更是汗颜不已，只好羞愧离去。

蔡顺拾椹的故事告诉我们：人的孝心不仅可以感化不善之人，还可以感通世间的万事万物。正如《孝经》中所说：“孝悌之至，通于神明，光于四海，无所不通。”因为孝是人类与生具有的本善，与宇宙万事万物的本性相应，自然可以感通。

然而不良的生活环境往往会蒙蔽或污染人的本性，使人丧失最基本的孝道。所以，蔡顺对母亲视死如生的榜样，也在警醒迷失本性之人："树欲静而风不止，子欲养而亲不待。"我们对父母行孝须及时，以免留下终生遗憾。

马钧孝母改织机

> 重资财，薄父母，不成人子。
>
> ——朱柏庐

马钧，三国时代魏国人，家住陕西凤县，是"丝绸之路"经过的地方。马钧的母亲就是织绫的。

因家境贫寒．无钱上学读书，马钧就在劳动中学习手艺，如雕木偶、结渔网、修理农具、家具等等。他对母亲非常孝顺。母亲织绫用的织机，十分笨重。为了织花，人们把织机上的经线分成60综，每一综用一个小踏板操纵，60综，就用60个踏板来操纵，每织一根纬线，要踏60块踏板。这样，操作起来既费力，又低效。

马钧见母亲每日操作这样笨重的织机，累得疲惫不堪的样子，心里非常难过。心想："自己整日修这修那，为什么不改进改进织机，来减轻母亲的劳动呢？"

有一天，他看见一个小男孩用一根绳子系在核桃树上采核桃，只用力一拉，核桃便哗啦哗啦往下落。马钧想："这要比上树用手一个一个去摘省劲儿多了。"这时，他灵机一动，计上心来，扭头就往家跑。进屋后，一头扎到织机旁，摸摸这，看看那，最后目光落到踏板上。"对，就从这里下手来改进。"于是便开始量尺寸，试样子，之后将锛、刨、斧、锯全找来，动手制作。忙了好几天，终于做出20块踏板，外加一些关联部件。经过紧张的安装之后，他亲自坐上织机试踏。他踏下一块板，经线就能提起10综来。马钧一看，心想："有门儿。"母亲见马钧如此高兴的样子，也喜在心头，她想："儿子为了减轻自己的劳累，不辞辛苦，改进织机，真是个孝顺的孩子。"

马钧虽说很高兴，但仍不满足现状。他想："既然能从60块踏板，减少到20块踏，为什么不能再设法减少一些呢？"于是他连夜研究改进，母亲感动得亲自提灯为他照亮。终于，减少到12块。

母亲坐上儿子为她改进后的织机，织起绫来既轻又快，心里甭提多高兴了。

这种新式织机，很快便推广开来。马钧这个大孝子的名字，自然也传扬开来。当时洛阳城的魏明帝闻知此事，召马钧进京，并封了个给事的官给他。可马钧对此并不感兴趣，他千方百计抽时间致力于机械方面的研究，后来竟成为三国时代魏国杰出的机械发明专家。

李密孝敬祖母

> 侍于亲长，声容易肃，勿因琐事，大声呼叱。
>
> ——周秉清

李密，三国时蜀武阳（四川彭山县）人。在他刚满六个月的时候，父亲因病早逝。母亲一人既要抚养密儿，又要侍奉婆母。生活虽苦些，但看着密儿一天天长大，也就不觉得苦了。天有不测之风云，在李密四岁的时候，他舅父非逼迫妹妹何氏改嫁不可。母亲拗不过舅父，只好含着热泪嫁人了。从此李密便成了一个孤儿了。他家里就只剩他与祖母了，抚养他的重担就落到祖母的肩上了。

祖母刘氏年老多病，但她是个有志气，十分刚强的人。望着自己可怜的孙子孤苦伶仃，心像被针扎，难过极了。她鼓励自己要顽强地生活下去，一定要把孙儿抚养成人，绝不能断了李家的香火。

李密小时，因过早地失去了母爱，曾一度体弱多病，九岁时才能自己走路。但他非常聪明，读书能过目不忘。他和祖母相依为命，从小就知道心疼祖母，听祖母的话，从不惹祖母生气。他和祖母形影不离，还常常逗祖母发笑，用笑声去安慰祖母。自己能干活了，就帮祖母多干些家务活，尽量减轻祖母的负担。他勤恳劳动，用心读书，处处事事都让祖母宽心，获得欣慰。

有一次，祖母病了，他周到备至地侍候祖母，晚上不脱衣裳睡在祖母身旁，给祖母吃药、喂饭、喂水，都是自己先尝一下冷热，然后才喂祖母，给祖母洗脸、更衣、端屎、倒尿，一刻也不离左右。在李密的精心护理扶持下，祖母的病终于治好了，李密别提多高兴了。祖母逢人就夸自己的孙子孝顺，说自己的心血没有白费。

李密 44 岁那年，祖母已 96 岁了．这时，晋武帝启用他当侍奉太子的东宫洗马，并命令地方官催他上任。李密想到祖母享受人伦之乐的时光已经不多了，自己自幼就在祖母的身边。一旦相别，对年事已高的祖母肯定是一次严重打击，思念会使老人躺倒的。于是他写了一篇《陈情表》给晋武帝，诉说他的处境，说明不能到任就职的原因。他在《表》中热情洋溢地写道："没有我的祖母，就没有我的今天，今天祖母没有我，就没法度过晚年了。我和祖母互相依靠，相依为命。才得以活到现在。现在祖母年迈，我必须侍奉她老人家。"李密孝敬祖母的真心诚意，深深地打动了晋武帝，不但没加怪罪，而且批准了他的请求。

后来，祖母病故了，李密痛不欲生。直到服丧终了，他才应召出来上任做官。

秦族躬行孝道

> 身有伤，贻亲忧；德有伤，贻亲羞。
>
> ——《弟子规》

秦族，是西魏上郡洛川人。秦族的祖父曾为颍州刺史，父亲曾任都城郡守，他们两个人都是很有名望的具有卓绝品性的人。他们一生都是非常孝顺父母、忠于职守的，都因为为恪守孝道而受到治下百姓的尊敬和拥戴。他们同样没有忘记教育自己的子女遵守孝行。秦族在父亲的教诲和影响下，很小的时候就知道孝敬父母了。

父亲在做郡守的时候，秦族才七八岁。平时由仆人看护、侍候，读书写字有先生陪伴，很少见到父亲、母亲。更何况父亲公事复杂，偶尔回家也顾不上看看他们兄弟几个。父子之间并不十分亲密。可秦族常在先生面前叨念父亲和母亲，先生为情所动，替秦族转达了对父母的问候。母亲听了以后十分高兴，常把他叫到身边，嘱告他要好好读书，将来建功立业，为国为民。秦族11岁的时候，父亲不幸病故。秦族同他的几个弟弟至哀至悲，常因想念父亲而痛哭。他们常到父亲的坟上拜祭，发誓一定尽心竭力奉养母亲，借以告慰父亲的亡灵。过路行人为他们的孝行所动，称赞他们是好孩子。秦族15岁的时候，母亲也病倒了，因为父亲为官清正，家里积蓄极少，这时早已用光了。为了养活全家，秦族叫弟弟们上午读书、写字，下午随他干活。寒暑易节之时，秦族总是最后一个换上衣服，并且是最旧最破的。吃饭的时候，他总是让母亲先吃，然后他们兄弟几个才吃，因为饭少菜也少，生怕母亲吃不饱。尽管这样，秦族的母亲因身体病弱，禁不住忧愁和病痛的煎熬，病情加重，终于闭上了满含泪水的双目，离开了尚未成年的儿子。

为了表达对母亲的追思，秦族保存了母亲的居室，只到祭日才进去表示怀念之情。乡里邻人敬服秦族，上书荐举。皇帝下令表彰他的孝行。

王僧儒“抄书养母”

> 事虽小，勿擅为。苟擅为，子道亏。
>
> ——《弟子规》

王僧儒是南朝时期的文学家。年幼时，他家里十分贫穷，父亲无钱供他念书，他只好自学。

在王僧儒3岁那年的一天，地方上一个很有学问的人见他勤奋好学，知道尊长敬老，就主动问他说：“王僧儒，你想不想学《孝经》，如果想学，我可以教给你。”王僧儒睁大双眼好奇地发问道：“《孝经》是讲什么的书啊？”那位有学问的人向他解释说：“《孝经》是专门讲孝敬长辈的书，是教人有礼貌，懂道德，尊老敬长的。”

王僧儒高兴地点点头，说：“那从现在开始，您就教我吧！”

这个有学问的人很喜欢王僧儒，高兴地说：“只要你肯学，我一定好好教你。”

从此，王僧儒每天都学《孝经》，他早起晚睡，虚心求教，百学不厌。王僧儒十分聪明，记忆力又很强，《孝经》中很多章节他都能流利地背诵下来。一天，王僧儒正在门口背书。邻居中的一位老者见他背得十分认真，便问道：“你背的这一段讲的是什么意思啊？”

王僧儒寻思了片刻，便讲了起来。但讲来讲去自己也觉得没讲出个究竟来。就不好意思地朝老者笑了笑。那位老者十分友善地告诉他说：“你呀，能背下来不算真正学会。要真正理会其中的道理，又能按理解了的道理自觉地去做，才算真正的学到手了。”

王僧儒觉得老人说得很有道理，自己很受启发，便向老人举躬致谢，说：“我一定按您的指点去做。”

从此，他边学边问，边背边想，逐渐地理解了《孝经》的大意。应该怎样孝敬长辈，在自己头脑中有了具体深刻的印象。一天，父亲的友人送来了一筐李子，看见了王僧儒，就放下筐，把他叫到跟前，说：“僧儒，这李子是刚从树上摘下的，新鲜极了，先拿几个去尝尝。”说着就抓了一把，递给他。王僧儒说啥也不肯要，客人想，是不是嫌少了，就又抓了一把。没等递过来，王僧儒就解释道：“谢谢您啦，我不是嫌少。《孝经》里说过，要孝敬长辈，好吃的东西应让父母先尝，先吃。”

“好孩子，真懂事，长大了一定有出息！”友人对王僧儒倍加赞扬。

王僧儒勤学苦练，6 岁便学会写文章了。7 岁的时候。一天能读几万字的经书。十几岁时，写书著文，文辞华丽，情感奔放。他还擅长书法，写一手远近闻名的好字。因此，地方上很多人都请他去抄书、写字。他用挣来的钱给多病的母亲买药，买补品，还买米贴补家用。“抄书养母”，少年王僧儒孝敬老人的事迹传遍了乡里。

黄香扇枕温衾

> 孟武伯问孝。子曰：“父母唯其疾之忧。”子游问孝。子曰：“今之孝者，是谓能养。至于犬马，皆能有养；不敬，何以别乎？”
>
> ——《论语》

东汉时有个人，姓黄名香，字文彊。在他九岁的时候，母亲便病故了。

虽然黄香只有九岁，但他已深深懂得孝的道理。

黄香每天都非常思念去世的母亲，常潸然泪下，乡里的人看到他思母的情景，都称赞他是个孝子。失去了母亲的黄香，更把全部的孝心都倾注于父亲，家中大大小小的事情，都亲自动手去做，一心一意服侍父亲。

三伏盛夏，酷热难当。每天只要吃过晚餐，就可以看到邻居们搬出椅子，坐在屋外乘凉聊天。小孩子这时总是会趁机要求大人们说故事，要不就是追逐着在夜幕下玩耍。但是在这么多人中，却永远找不到黄香的影子。原来细心的小黄香，担心劳累一天的父亲因天太热，睡不好觉，正拿着扇子在床边扇枕席。左手扇累了，换右手，右手酸了，再换左手。就这样一下又一下地扇着，一直扇到席子已经暑气全消，黄香才会去请父亲上床睡觉。一夜、两夜……整整一个夏天都这样。

过了秋天，隆冬来临，每到晚上整个屋子就冷得像冰窖一般，要是碰上下雪的日子，就更有得受了。但是孝顺的黄香，仍然有办法让父亲每天晚上睡得舒舒服服。只要天一黑，黄香就会钻进父亲冰冷的被窝里，用自己的身体，把被子弄得暖烘烘的，然后再请父亲去睡，这样父亲就可以免去寒冷之苦了。

日复一日，年复一年。黄香的孝行，传遍了左邻右舍，传遍了全县，也传遍了全国。

现今科技发达，物质生活富裕了，我们不需要再像黄香那样扇席暖床了。但他孝敬父母的精神是永远值得我们学习的。当夏天夜晚来临时，小朋友是否想到早早地开冷风让房间凉爽，父母入睡再及时地关掉冷风，以免着凉；冬天时，是否想到开暖风让父母感到丝丝暖意。当然用电的同时也一定要注意安全。

行孝也不只是小朋友的责任，而是天下所有做子女应该做的。当父母上年纪时，更需要的是精神上的关爱，如果有时间，应该经常和父母在一起，让父母感到亲情的温暖。

我们要以黄香为榜样，从身边一点一滴的小事做起，孝敬父母。

张李丐养婆母

事，孰为大？事亲为大；守，孰为大？守身为大。不失其身而能事其亲者，吾闻之矣；失其身而能事其亲者，吾未闻也。孰不为事？事亲，事之本也；孰不为守？守身，守之本也。

——孟子

唐朝的时候，有一位姓李的女子，品性非常贤淑，长得又很端庄美丽，嫁给了一位张姓人家。这户张姓人家的家境十分贫寒，加上婆婆的脾气又很暴躁，一般人都无法忍耐，然而，李氏嫁到这户人家来，却没有半句怨言，只是尽心尽力地奉侍着长辈，照顾着丈夫。

不幸的是，在婚后没多久，张李氏的丈夫便去世了，这个噩耗对这个家而言，无疑是雪上加霜，不仅使家境更加捉襟见肘，在失去了家中的顶梁柱后，就好像天塌下来了似的，整个家失去了依靠。

无田无产，甚至连吃的东西都没有，在矮破得难以避风的房子里，只剩下张李氏与眼盲的婆婆相依为命，她们的处境显得那么的悲凉。

面对这样的困境，有多少人要弃之而去，改嫁离家，重新去寻找人生的幸福。然而，张李氏看着家中那眼盲体衰的婆婆，心中已默默下定决心，再苦再难，也一定要赡养婆婆终老，尽她为人媳妇的责任。

由于婆婆离不开人照顾，为了能生活下去，在不得已的情况下，张李氏只好扶着婆婆四处行乞。每次乞讨回来后，张李氏会很细心地将讨来的比较新鲜、好吃、柔软的食物留给婆婆，并且亲自喂婆婆吃下去。倘若讨来的食物，婆婆无法吃，她便会多讨几家，希望在自己能做到的范围内，尽量让婆婆吃得饱，自己却只吃那残羹冷饭。

有时候走了很久，讨了好几家，却也讨不到什么食物，在不够吃时，张李氏便会全部喂给婆婆吃，自己纵然饿着肚子也不在乎。在她心中，只要婆婆能过得好，她就很欣慰。

虽然乞讨过活很苦，但张李氏对婆婆的照顾仍然非常周到，极尽她的心力，很多村民看到也都赞叹她的孝心，因此，会在她来乞讨时，尽量给她一些好的食物，让她能很好地孝养婆婆。

虽说张李氏对婆婆很孝顺，照顾很尽心，然而婆婆却是一个性子急躁又刚愎的人，每每有个不高兴，便会大声责骂张李氏，甚至还用拐杖打她。面对婆婆的打骂，不管有理、没理，张李氏总是默默承受，而且，张李氏担心婆婆生气会气坏身体，总是会好言安慰婆婆，甚至向婆婆跪下道歉，使她老人家能顺心，而她自己再苦再难也心甘情愿，不但脸上没有一点怨色，还对婆婆更加小心侍奉。

看到这样的情形，许多人不免会为张李氏叫苦，因此，也有不少人劝张李氏改嫁，可张李氏始终都不动摇，只一心要尽自己媳妇的本分，照顾好婆婆，让婆婆好好度过晚年。

因为张李氏才三十出头，而且长得很美丽，品德又很好，于是，当地有一位富翁很喜欢她，想乘着这个艰难的机会，拿了一百两银子去劝说，希望能把她娶来。张李氏听后，正颜厉色地对富翁说："宁可和婆婆一起饿死，也是不会再嫁人的。"以此打断了富翁的想法，使他不再抱有任何希望。

然而如此，还是有不少的青年男

子，拿着银子、首饰、衣裳前去送给她，想要以此来引诱她。可当张李氏拿到手中时，非常气愤，把他们大骂一顿后，将这些银子、首饰、衣裳全部都掷到地上，并把这些青年男子都赶走了。

以后的每天，张李氏依然尽心奉侍婆婆，不管多么穷苦，也不管婆婆如何打骂，仍不改颜色，细心照料，继续以乞讨来养活婆婆与自已，不离不弃。就这样，张李氏一直照顾婆婆到婆婆生病过世。在婆婆去世后，她也竭尽所能，安葬好婆婆。

因为家中无子女，婆婆也入土为安了，张李氏那时已是毫无牵挂，便削发为尼，到寺院中去修行念佛，当她活到了八十八岁的那一年，端坐念佛，面貌安详地辞世了。

想这人生在世，身为乞丐已是很苦的事了，而以一个女子的身份去乞讨过活，则是更苦。以乞讨来奉养婆婆，实在是很困难的事，而以乞讨来奉养眼盲的婆婆，则难上加难。眼盲的婆婆脾气又暴躁，动不动就要打骂她，要侍奉好婆婆，实在说是至苦又至难的事啊！另一方面，张李氏是一位美丽又有德才的女子，许多人都希望能娶她过门，面对家境的贫穷，婆婆的打骂，她能安于贫困又安于本分，不被金钱财物所动摇，只尽力去侍奉婆婆，赡养婆婆至终老，这真是她最令人钦佩的地方啊！

在贫穷潦倒中，张李氏能立稳脚跟，不贪图钱物，只尽一己本分，对婆婆细心照料，直照顾婆婆终老，她的这份至孝之心，的确令我们深深敬佩。

谢蔺敬父不先餐

出必告，反必面，居有常，业无变。

——《弟子规》

谢蔺，字希如，陈郡阳夏人。在他五岁的时候，有一天，他爸爸外出办事，很晚很晚也没回家，他就跑到大门外，坐在石头上张望；天黑了，已经到了伸手不见五指的时候了，爸爸还是没有回来。家里人平常总是坐在一起一齐吃饭，这时候，谢蔺的妈妈呼他：“咱们先吃吧，不用再等你爸爸了！”他摇了摇小脑袋瓜儿认真地说：“爸爸没回来，我怎么能先吃呢，我一定等爸爸回来。”他一直坚持到深夜，爸爸回来了才一起进餐。这件事后来被他的舅舅阮孝绪听说了，舅舅十分感叹，高兴地说：“这孩子在家里就像曾子一样孝顺，出去做官也一定会像蔺相如一样为国尽力。”于是就为他起了“蔺”的名字，希望他今后能真如蔺相如一样有才干，又给他起了一个字叫“希如”。

后来，他家里请了先生教他读书写字，先生教给他经史典籍之书，他看过一遍就全都记住了。先生考他，没有一回能难住他。他舅舅称赞说：“这孩子真是我们家的阳元啊!"

不久,他父亲因病去世。谢蔺十分悲痛,常常偷偷地哭,时常粒米未进,身体日渐衰弱。他妈妈见他这个样子,就劝慰他说:"你不能总是这么伤心。你父亲死了,无论大家怎么哭,他也不知道,更不能活过来。要是你听爸爸的话,就要好好读书,有了本事长大才能做事,才能帮我养活一家人。"听了妈妈的话以后,他果然不再像过去那样常常哭泣了,却是常常夜伴孤灯,手不释卷,学业逐日精进。

由于他很有声望。当时的吏部尚书萧子显非常赏识他的孝行和才干,让他做了地方官员。

朱丹溪改行学医

> 人人都可孝父母,孝敬父母如敬天。
>
> ——《百孝经》

朱丹溪,1281 年生于浙江省义乌县。幼年丧父,与母亲相依为命。少年时代的朱丹溪,深知母亲的难处,非常体谅母亲。他母亲无力供他上学读书,他就自学。白天帮助妈妈干活,晚上挑灯读书。家中没钱买书,他就去村上一户藏书多的人家去借。就这样日积月累,他学习了很多,青年时代就已才华出众,成为当地一位学问渊博的人。

邻里见他学问过人,劝他考科举,弄个一官半职的,日子也好过,又能光宗耀祖。但朱丹溪对此劝说从未动心,因为他一心想着致力于科学技术的研究。可是,朱丹溪后来却改学医学了,这是为什么呢?

朱丹溪 30 岁的时候,与他相依为命的老母患上严重的胃疼病,朱丹溪甭提有多着急了,他到处寻医问药,请了很多医生给母亲治病,可母亲的病始终不见好转。

朱丹溪见母亲病痛的样子,心里十分难过,于是他暗下决心,改学医学,亲自为母亲治病。从此。他日以继夜地钻研医学,如《内经》、《难经》等,并努力研究"望、闻、问、切"的诊病方法,尤其是研究胃病的常用药物。他不畏劳苦,亲自上山采药并制药。为安全起见,熬成后他先亲自尝试,体味药性,然后才给母亲喝。

功夫不负有心人。朱丹溪就这样,经过整整五年时间,竟奇迹般地把母亲的病治好了。乡里人都夸他是个大孝子,母亲为有这样孝顺的儿子而感到宽慰。

"老吾老以及人之老",朱丹溪见母亲的病治好了,他决定要给更多的人解除病痛。于是他一方面继续自学医学。一方面寻访名师。一天,他终于打听到一位叫罗知悌的医生,医术很高明,就亲自登门拜师请教。而罗知悌拒不收徒。朱丹溪经过三年的努力，才被收门下。

这样，朱丹溪在名师罗知悌的精心指导下，没过几年，就达到了药到病除的程度。朱丹溪很快就成为一位远近闻名的医生。

孙思邈学医孝双亲

孝是人道第一步，孝子谢世即为仙。

——《百孝经》

孙思邈(581—682)，出生于京兆华原县一个木工家庭。

思邈年少时，见父亲患有雀目病(夜盲症)，母亲患粗脖子病，非常着急。

一天，父亲边做木工活边问思邈："你长大了干什么?"他毫不犹豫地回答说："我长大了要当个医生，把您的雀目病治好，把妈妈的粗脖子病也治好。"父亲听了思邈一片孝敬父母之言，十分感动，沉思片刻说："好孩子，你要当医生。就不能像爸爸这样，斗大的字认识不了一石。咱家虽说很穷，但我就是累弯了腰，也要供你念书。明天你就上学去!"于是，小思邈就在村西一土洞里开始了他的读书生涯。

12岁时，父亲带他到药农张七伯家做药柜。思邈见张家院内到处是草药，心想："这下父母的病可有治了。"就拜七伯为师。过了一段时间，思邈发现，七伯识不了多少字，只是懂得一些药性，会用几个土方子，而不懂医理。七伯发现，思邈是个极聪明的孩子，自己不能耽误人家的前程，就诚恳地对思邈说："从这往北走40里，是铜官县，我舅舅是那里有名的医生，这帙《黄帝内经》就是他送给我的，我读不懂，你拿回去好好读读，等长大些。去找我舅舅学医吧。"

17岁的思邈，为双亲治病心切，不畏人生路远，终于来到铜官县，找到那位名医，可这位医生不会治雀目病和粗脖子病。尽管如此，他还是不死心，硬是拜师学习了一年。一年以后回乡祷医，同时继续寻找治双亲病的方法。

一天，他给一个远道而来的病人治好痼疾，病人感激地说："孙先生年纪不大，可医术超群，真是复生的扁鹊，再世的华佗啊!"思邈听了忙说："哪里，哪里，我连父亲的雀目病，母亲的粗脖子病都治不好，哪敢与古代名手相比!"病人见他将双亲的病挂在心上，很受感动，想了想说："我家住在秦岭里面，那儿粗脖子病人很多，我表妹就患了这种病，被秦岭之巅——太白山上的一位先生治好了。"思邈听了，欣喜若狂，忙问："这位先生叫什么名字?"病人说："叫陈元，是江南人。"

思邈一心想治好双亲的病，第二天就动身赶往太白山。400里旱路，交通不便，其旅途艰难，是可想而知的。但是，思邈却以惊人的毅力战胜了旅途上重重困难，终于来到了美丽的太白山脚下，几经周折，找到了陈元。陈元并不是医生，他是从父亲那里学来的治粗脖病的方法的。思邈满怀信心地住下来，一边行医，一边同陈元采药闲聊，有意探求治雀目病的方法。

一天，陈元边采药边说："我爹说，不知啥原因，雀目病待人不公平，专欺侮穷人，富人就不患这种病。"思邈听了，心里一动："看来穷人一定是缺少某种东西才患这种病的。如果让穷人也吃上富人吃的东西，说不定能治好雀目病。"于是他就叫一位病人接连吃了几斤猪肉，可仍不见好。他又翻药书，见有"肝开窍于目"一条，他想：如果给雀目病人吃肝，一定会奏效的。"于是他就给一位患者买了几斤牛羊肝吃。几天后，病人大有好转，又吃了一些，病人痊愈了！

思邈由此受到启发，进一步探讨粗脖子病因。几经调查研究，发现这种病同长期喝一种水有关，如何治疗，还须进一步研究。

有一次，一位猎人射死一只鹿，请思邈去吃鹿肉，他吃着吃着想起来："吃心补心，吃肝补肝。那么吃鹿靥能不能治粗脖子病呢？"后经实验，果然有效，而且羊靥也行。

孙思邈太自学医，不仅找到了治疗双亲病的有效方法，而且丰富了医学知识，为他后来成为隋唐时期杰出的医学家，奠定了基础。

吴冯感化婆母

> 孝子不谀其亲，忠臣不谄其君，臣子之盛也。
>
> ——庄子

明朝的时候，有一户吴姓的人家，家里十分贫苦，母亲很早过世，留下兄弟三人与父亲相依为命。后来，父亲娶张氏为妻，可张氏却是一个性格暴躁，又喜欢辱骂人的人，对兄弟三人也不能善加照顾。

老大吴子桂到了婚龄时，娶一位姓冯的女子为妻。冯氏自小孝顺父母，勤劳善良，不但性情温和，为人又通情达理，备受邻人们的赞赏。

待冯氏嫁到吴家后，很勤苦地操持家务，不论寒暑，每天都早早起来烧火做饭、洒扫庭除。夏天，天气十分炎热，吴冯氏除了打理家务外，还要跟丈夫一起到田地劳动，常常是一身的汗水、泥污。冬日，天寒地冻，吴冯氏也仍不懈怠，每日劳作不息，纵然双手因寒冻长了冻疮，裂口流了血，疼痛难忍，吴冯氏也未吭过一声，仍在冰冷的河水里洗一家人的衣服。回来后，又劈柴生火，做好饭食，照顾一家饮食。

虽然很辛苦，吴冯氏却从未叫过

苦，尽心照顾婆婆，不仅三餐尽量做好吃的饭食奉养婆婆，每晚，还为婆婆端上洗脚水，给婆婆泡脚、按摩，方方面面尽量给老人家最好的照料。而吴冯氏自己的生活却十分俭朴，吃着粗劣的饭食充饥，身上的粗布衣服也常常是补了又补。

虽然吴冯氏如此孝敬，婆婆张氏却对吴冯氏很是挑剔。由于张氏原本性格就急暴易怒，因此稍有不顺意，婆婆便会大发脾气，横眉瞪眼地辱骂、训斥她。而时常，婆婆骂的话还很不入耳，连左邻右舍都听不下去。

每日，婆婆难有好脸色对吴冯氏，时常阴沉着脸，令人畏惧。可即便如此，吴冯氏也未有丝毫埋怨不满，对婆婆的挑剔、虐待，都一一承受下来，还很耐心地安慰婆婆，极力让婆婆顺心、满意。

左邻右舍因为经常听到张氏对吴冯氏辱骂、呵责，都觉得婆婆对媳妇太过刻薄，长久下来，心中都有不忍。于是有一天，邻居的妇人们相约着要去劝说婆婆张氏，不要再辱骂媳妇，难得吴冯氏如此孝心。

可当吴冯氏听说大家要去劝说婆婆时，却连忙制止了邻妇们，恳切地对她们说："大娘、婶婶、姐姐们，你们的好意，我心领了，真是很感激大家。只是婆婆骂我，是因为我做得不好，不能顺承婆婆的意思，我会再改进。但如果各位来劝我的婆婆，则表示是婆婆错了，这未免要犯了不孝的大罪了，这样，就是我做媳妇的罪过了。"

听到吴冯氏诚恳的自责，邻居们也很受感动，明明婆婆做得不好，媳妇却不忍彰显婆婆之过，还把责任揽到自己身上，因此也都打消了劝说张氏的念头，各自回家去了。

之后，吴冯氏更是尽心侍奉婆婆，没有怨色，当吴子桂看到妻子如此孝顺时，自己也备受感动，对继母更为孝敬。

后来，吴子桂的两个弟弟，也相继娶了妻子，两位妯娌嫁过来后，吴冯氏对她们就像亲妹妹一样照顾关怀。然而，婆婆张氏对这两位媳妇也很不好，不是看这个不顺眼，就是看那个不合意，总要找一些事来教训她们。她们若是稍有差池，张氏看到，就大发雷霆，辱骂她们，使她们难堪。

两位弟媳生性善良朴实，受尽了婆婆的虐待后，内心既委屈又痛苦，可又不知该怎么办。似乎怎么做都不对，婆婆每天都要板起脸孔对自己，就算再小心谨慎，也仍要被责骂。过了些日子，两位弟媳实在是受不了了，觉得这样的日子没有出期，就生起了轻生的念头，相约着要去上吊自杀。

幸得吴冯氏平日一直关心照顾两位弟妹，当发现弟妹们要自尽时，马上给予劝解安慰，使她们不要轻生。苦口地劝解她们说：

"嫂嫂知道你们心里很苦，很委屈，只是也不该那么傻，寻短见啊！家里还有那么可爱的孩子，怎么忍心丢下他们呢？如今，婆婆年纪也很大了，身子骨又很不好，脾气大一些也是难免，我们不要往心里去就好了。想婆婆年纪轻轻嫁过来，就要照顾三个孩子，家里又穷苦，有上顿没下顿，婆婆整日忙里忙外，却连饭也吃不饱，跟着挨饿受冻，实在说也很不容易啊！况且到老了，她还仍没有自己的骨肉，她心里也苦啊！再说，你我也都有老的时候啊！到老了，不也希望儿女能孝顺吗？人家说，对待老人，就要像对小孩子一样。孩子天天哭闹，我们也不曾嫌弃，还会耐心哄他照顾他。现在，婆婆也不过发些脾气，我们又怎么不能顺承呢？只要我们能尽到媳妇的本分，她老人家虽然嘴上不说，心里也会感到安慰的。终有一天，婆婆也是会感动的……”

如此，吴冯氏很委婉曲折地劝解了一番，使两位弟媳都放弃了自杀的念头，也受到吴冯氏的感化，愿意与她一同尽孝。

从此之后，三位媳妇齐心协力，对婆婆尽心侍奉，不论张氏如何打骂，她们仍一心做好自己媳妇的本分，照顾婆婆，没有半句怨言。

婆婆张氏在三位媳妇的至诚孝敬下，渐渐也悔悟了，想到自己平时那么打骂她们，她们不但不顶嘴、不记恨，还能没有怨言，尽心地侍奉自己，处处让自己欢喜，就算自己的亲生骨肉，也未必能这样啊！由此，张氏生起了很大的惭愧心，也流下了后悔、感动的眼泪。

此后，婆婆对三位媳妇，一改往常态度，像对自己的亲生女儿一样，不但不再辱骂，还对她们关怀有加，吴家从此一片和乐，家风重振。整个乡里，由此也受到感化，顿时孝敬之风吹遍乡里，上敬下和，一片和睦的气氛。而吴冯氏的两位弟媳，因为觉得嫂子对自己有再生的恩德，便把吴冯氏当做母亲一般看待。

自古以来，遇到别人有错，不但不责备，还能引咎自责，连读书的男子都难得能做到。吴冯氏身为一介女子，却能以身作则，不彰显婆婆之过，还用自己的孝心，感化弟媳，感化婆婆，感动乡里，虽未读书，却可称为明理之人啊！

夏王氏孝敬公婆

> 长者立，幼勿坐，长者坐，命乃坐。尊长前，声要低，低不闻，却非宜。进必趋，退必迟，问起对，视勿移。
>
> ——李毓秀

明朝的时候，有一位夏诚明的妻子王氏，是无锡地方人，她为人勤劳朴实，又很孝敬长辈，是一位难得的好媳妇。

夏家是贫苦的农户人家，生活很拮据。后来，遇上荒年，田里颗粒无收，生活更加艰苦。恰逢丈夫出了远门，于是家庭的重担，完全落在了夏王氏一人的身上。眼看着家里连吃的东西都快没有了，夏王氏心中很是忧虑，却又不忍二老挨饿。

因此，夏王氏很勤苦地纺织，希望以此赚些钱来奉养公婆。但遇上荒年，纺织所卖的钱也不多，夏王氏便比平常更加勤苦地劳作。每晚，她都纺织到半夜才肯休息，而天未亮时，她又起来继续纺织。有时，因为太累太困乏了，她趴在织布机上便睡着了，醒来后，又继续纺织。如此勤苦劳作，只希望能多纺些纱织些布来卖钱。

等纺织卖了钱之后，夏王氏就极尽可能地为公婆做上好一点儿的饭食。但在荒年里，很难买到米面，平常若能吃到番薯一类的食物，已经难能可贵了。于是有一点米时，仅能煮一些清清的稀粥，奉养二老。夏王氏自己是不舍得喝一口的，就连番薯，也不忍吃上一点，全都留给公公婆婆。若是纺织卖不得好价钱，夏王氏就更努力纺织，不希望让公婆挨饿，尽自己所能让公婆吃得好一些，度过饥荒。

由于每次用饭，夏王氏都是先侍奉公婆，并且等公婆吃完后，她才开始吃。因此，公公与婆婆都不知道夏王氏原来都吃不上这些食物，也一直以为，她和自己吃的一样。因为每每公公婆婆问夏王氏时，夏王氏总是说锅里还有剩的，自己有得吃。

其实，等整理完公婆吃完的碗筷后，夏王氏才独自在厨房里，取一些原本用来喂猪的米糠，煮粥吃。时而，她会从山上挖些野菜，或是到附近的湖中，捞一些勉强能下咽的水生植物，与米糠和在一起，煮一点米糠野菜粥来充饥。

这样的粥，味道难以下咽，但能缓解饥饿，夏王氏便很满足了。只是，每一餐夏王氏都靠着这米糠野菜来充饥，没有一餐能吃得饱。而她每天还要做很多事，除了纺织以外，也整理家里内外，还要照顾公公婆婆，因此，常常饿得头昏眼花，体力不支。可就算这样，夏王氏也没有丝毫抱怨，依然勤劳地操持家务，夜以继日纺纱织布，尽可能照料公公婆婆。

夏王氏为不让公婆知道自己吃米糠野菜，担心老人家挂心，便独自在厨房里吃。一天，她的婆婆偶然走到厨房里来，看到她，正想喊她时，却发现夏王氏正低着头，喝着手中一碗米糠野菜粥！

婆婆看了，心里头不由一阵惊诧，不知媳妇每天给自己做好的饭食，而她竟独自静悄悄地吃这些米糠、野菜。于是，禁不住就掉下了眼泪。

后来，婆婆告诉了公公，公公也感到媳妇特别艰难。因此，他们都想在以后的日子里，尽量少吃一些，可以剩一些给媳妇吃，或者，也可以减轻一下媳妇的负担。

然而，当夏王氏看到公公婆婆饭吃得少时，不由得就担心起来，不知道是不是做得不好，使公婆不爱吃，又或是他们身体不好，吃不下。因此，关心地问公公婆婆说："爹、娘，你们怎么不吃了，是不是不好吃啊？要不，媳妇再去做一点别的给你们吃？"

婆婆便对媳妇说："我们都吃饱了，剩下这些你吃吧。"

夏王氏忙说："锅里还有呢！我一会儿再吃，你们一定要吃饱啊。"

公公叹了口气说："你就不要再骗我们了，哪里还有啊？这个年头，我们也知道，连一个番薯都难找。你也就别再吃那米糠野菜了，我们少吃一点，饿不了的。"

于是，都坚决不肯再吃，一定要留给夏王氏。夏王氏看了，不由得跪了下来，流着眼泪，劝公公婆婆说："照顾你们，是媳妇的责任，你们是若吃不饱，饿坏了身体可怎么是好？如果那样，就真是媳妇的罪过了。媳妇虽然每天吃米糠野菜，但身体还很好。可是您二老本来身体就不好，怎么能再挨饿呢？吃得少了，体力不堪，等相公回来，看到爹娘瘦了或是虚弱了，他又怎么忍心呢？请爹娘一定要吃饱才是，这也是我与相公的一份心啊！"

公婆看到媳妇如此孝顺，不由感动得直掉眼泪，因为不忍媳妇再操心，也只好依着媳妇，每餐依旧吃下她细心准备的饭食。而此后，夏王氏更加尽心照顾公婆，给他们办好饭食。而自己，仍然只肯吃米糠野菜来充饥度日。终于，在夏王氏的辛苦劳作下，一家人度过了饥荒。

不久以后，丈夫回来了，生活渐渐有所好转。然而，夏王氏依然很勤苦地劳作，同丈夫一起孝养双亲。每逢遇到好吃的东西，夏王氏总是先奉养给公婆，而每餐，她也必定要等公婆用完餐后才开始吃。若是遇上公婆喜欢吃的，或是需要的，夏王氏便会尽力办置，尽她的心力，侍奉好两位长辈，让他们能安享晚年。这样，一直照顾到他们过世。

夏王氏如此尊重、照顾长辈，她自己也活到了八十多岁的高龄才去世。在她去世前，面貌很安详，没有一点儿病苦。后来，家里人还做了梦，恍恍惚惚见到有人打着旗，奏着乐，很欢喜地迎接夏王氏升天去了。家人因此都感到特别地惊奇、喜悦。

在夏王氏去世后，同乡里有一位贡生，品德很好，听闻了夏王氏孝养公婆的事后，对夏王氏很敬重。于是，他每次经过夏王氏的家门口时，必定要停下来，毕恭毕敬对着夏家门口鞠三个躬，表示对夏王氏的尊敬。

张履祥听从母教

百行万善孝为首，当知孝字是根源。

——《百孝经》

清初有个学者张履祥博学多才，一生著述甚丰。曾经著有《愿学记》、

《读易笔记》、《读史偶记》、《言行见闻录》、《经正录》、《初学备忘》、《近古录》、《训门人语》及《文集》45卷流传于世，是当时学界很有影响的人物。

张履祥七岁时父亲就去世了，从此与母亲相依为命。父亲在世的时候对他要求很严格，对他的学习抓得很紧。在父亲严厉的督促下，张履祥的学习进步很快，很小的年纪就学会《四书》了。可是父亲去世以后，张履祥的学习就松懈下来了。开始时每天还翻翻书本，渐渐地连书本也懒得翻了。整天只知贪玩，与邻居打闹。他的母亲很慈祥，看到这种情况也舍不得打他、骂他，只是整天愁眉不展的。一天晚上，张履祥发现母亲又是眉头紧锁、愁容满面、满腹心事的样子，就问母亲为什么不高兴？母亲叹了口气说："我发现自从你父亲去世后，你越来越不爱学习了，我听说孔子与孟子都是很小的时候父亲就去世了，可是因为他们自己有志气，学习用不着督促，所以最后成了万世师表，名垂青史。你父亲虽然去世了，可是他生前已经教会了你识字读书，你为什么不继续努力，刻苦钻研，将来成为国家的有用人才，为父母争口气呢?"说着说着，母亲伤心的眼泪就流下来了。张履祥见母亲很悲伤，他十分悔恨，于是向母亲保证，今后再也不贪玩了。从此张履祥像变了一个人似的。他夜以继日、废寝忘食地读书学习，学习进步很快。后来他就成了当时著名学者刘宗周的高足弟子，在刘宗周那儿研读四书五经，打下了坚实的基础，以后他又涉猎百家，博通经史，著书立说，最后终于成为当时有名望的学者。

冯玉祥买肉敬父

孟子曰："亲爱父母亲，便是仁；尊敬兄长便是义。"

——《孟子·尽心上》

爱国将领冯玉祥出身贫寒，父亲是军队里一名下级军官，母亲早逝。他从小只读了几个月的私塾。10多岁时，他父亲营里有了一个缺额，父亲的朋友为了照顾他家的困难，就叫玉祥去顶替，从此，他就当上了兵。

有一次，父亲骑马去营上报到，因结冰路滑，从马背上重重地跌下来，右腿划了一道一寸多深的伤口，感染化脓，不能走动。当他养好伤去兵营销假时，才知道自己已被兵营裁掉了。父亲失业，生活的重担都压在冯玉祥肩上。

瞄靶射击是很辛苦的训练。清晨，冯玉祥每次离家外出打靶时，父亲总是把他喊住，说："玉祥，给你6个钱买个烧饼揣在怀里，饿时吃了。"

"我不饿，不要钱"。玉祥总是推辞着。

"打靶时间长，来回要走二三十里地，怎么不饿？你正长身体，快拿着！"

冯玉祥望着父亲干瘪的脸，接过了钱。

他走在路上，一面走，一面想着，父亲病后尽吃杂粮、白菜，这点钱是父亲从牙缝里省出来的，他多么喜欢吃肉啊！冯玉祥想了又想，怎么着也不忍心把钱花掉，决计把它留下。

一天傍晚，父亲从外面回来，一跨进家门，就闻到一股肉香，看到桌上一碗炖肉，不禁问道："从哪里弄来的炖肉？""您老人家只管吃好了！"冯玉祥站在桌旁，低着头轻轻地回答。"从哪里弄来的炖肉？"父亲看到玉祥吞吞吐吐，越发非问个清楚不可。冯玉祥只好讲清了原委："每次打靶，营里规定每人领 50 条火药，打满 10 响就达到标准，余下的火药条可以卖钱，我每次都有积余，一个月也可积几十个，加上您每次给我的，凑起来就够买肉了。"

冯玉祥看了父亲一眼，继续说："知道您老人家喜欢吃炖肉，今天我特地上铺子秤了 2 斤肉，想让您高兴高兴，也给您补补身子。"

父亲听着，顿时心酸，泪水不住地往下流。此时此刻的情景，永远地留在了冯玉祥的记忆里。20 年后，他想起此事，欣然命笔，写下一首打油诗：

肥肉二斤买回家，
亲自炖熟奉吾父。
家贫得肉食非易，
老父食之儿蹈舞。

鲁迅敬母

孟子曰："不得乎亲，不可以为人；不顺乎亲，不可以为子。"

——《孟子·离娄上》

鲁迅的母亲是一位饱受痛苦的女性。31 岁时，她唯一的爱女端姑病死。37 岁时，丈夫又一病不起，到她 39 岁时，丈夫亡故。从此，她陷入悲哀与困苦之中。社会的黑暗，家境的败落，使鲁迅饱尝了世态的炎凉。处在长子长孙的地位，又使鲁迅从少年起就分担了母亲的重担。鲁迅曾对人说："阿娘是苦过来的！"因此，他一生对母亲都极为恭顺、孝敬。

鲁迅有一个突出的特点，就是心口如一，从不违心地屈从别人。但是在家庭中他对母亲却妥协过。鲁迅在 20 多岁时，母亲做主给他定了亲，并于 1906 年夏天把他从日本召回来，逼他结婚。鲁迅对这桩包办婚姻虽极为不满，但又不愿刺痛母亲屡遭创伤的心，于是只好屈从母亲。鲁迅曾说："当时正处在革命时代，以为自己死无定期，母亲愿意有个人陪伴，也就随她去了。"

鲁迅工作以后，首先在生活上给母亲以关心和照顾，尽量使母亲过得舒适、安乐一些。他在北京与母亲同住期间，虽然工作忙，时间紧，但为了不让母亲感到寂寞，每天晚饭后都要到母亲房间与她聊天。平时，鲁迅在出门之前，总要先到母亲屋里转一转，说声："阿娘我出去哉！"回来后，也一定去母亲处说声："阿娘，我回来哉！"还时常带回些母亲喜欢吃的小食品。

鲁迅不但让母亲饮食可口，而且也尽量让母亲住得舒服。经济上并不宽裕的他，向别人借钱，在西三条胡同买了一所住宅。后来他对许广平说："至于西三条的房子，是买来安慰母亲的，绍兴老房子卖了，买了八道弯的房子。她一向是住惯了自己的房子，如果忽然租房子住，她会很不舒服的。"

母亲有时身体不适，鲁迅总是亲自陪着到医院诊治，亲自挂号、取药。后来，他因工作需要离京南下，每月按时给母亲百元生活费，从不短缺。

除物质生活外，鲁迅在精神生活上对母亲也是体贴入微，关心备至的。《西厢记》、《镜花缘》等优秀绣像小说，多半是根据母亲的爱好买来的，用以满足老人对文化生活的需要。

鲁迅的好朋友许寿裳曾经说过："鲁迅的伟大，不但在其创作上可以见到，就是对待其母亲起居饮食、琐屑言行之中，也可以见到他伟大的典范。"